Q&A on Copyright: Essential Knowledge of Images

UNI INTELLECTUAL
PROPERTY BOOKS
NO.20

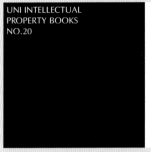

映像の著作権
第2版
二瓶和紀・宮田ただし

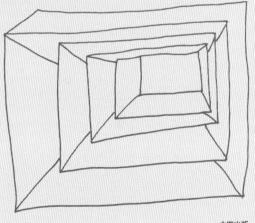

太田出版

映像の著作権 第2版

映像の著作権 第2版 目次

序文　007

I　映像と映画

- **Q1**　「映像」と著作権法でいう「映画」はどう違うのか　012
- **Q2**　著作権法に「映像」という言葉はあるのか　013

II　著作権の基礎知識
映像の著作権を知るための第一歩

- **Q3**　保護される"著作物"とは　018
- **Q4**　共同著作物とはどういうものか　020
- **Q5**　著作物はいつまで保護されるのか　021
- **Q6**　保護の対象にならない著作物や、自由に使える著作物　022
- **Q7**　著作物の保護に登録は必要か　023
- **Q8**　「著作者」と「著作権者」の違い　023
- **Q9**　著作物は自由に改変できるのか　024
- **Q10**　"著作者の名誉又は声望"を害してはならないとは　025
- **Q11**　映像プロダクションの社員は、著作者になりうるか　026
- **Q12**　"引用"とは　026
- **Q13**　少人数で他人の著作物を自由に使える範囲とは　027
- **Q14**　テレビ番組の録画の学校内での利用　028
- **Q15**　営利を目的としない映画やテレビ番組の上映　029
- **Q16**　「著作隣接権」とはどのような権利か　030
- **Q17**　ネット上では著作権の規制は緩いのか　031

III 映画の著作権の基本のQ&A

[映画の著作物]
- **Q 18** 映画の著作物とは 034
- **Q 19** ビデオゲーム(ゲームソフト)は映画の著作物か 036

[映画の著作者]
- **Q 20** 映画の著作者は誰か 037
- **Q 21** 映画の著作者はどのように定められたのか 039
- **Q 22** 脚本家は映画の著作者になれるのか 040
- **Q 23** 企画者と発注者と製作者の関係 043
- **Q 24** クラシカルオーサー、モダンオーサーとは何をいうか 045

[映画の著作権]
- **Q 25** 映画の著作権者は誰か 046
- **Q 26** フリーディレクターには権利はあるのか 047
- **Q 27** フリーカメラマンには権利はあるのか 049
- **Q 28** テレビの「制作・著作」「製作・著作」は何を表わしているのか 050

[映画の著作権の保護期間]
- **Q 29** 旧法と現行法の保護期間はどう違うのか 052
- **Q 30** 映画の保護期間の「53年問題」とは何か 056
- **Q 31** 映画の保護期間が終了後の原作や脚本の権利は 058

[映画の著作者人格権]
- **Q 32** 著作者人格権不行使の契約では改変に異議申し立てはできないのか 060
- **Q 33** 映画化の改変はどこまで許されるのか 061

- **Q 34**　「原作」としながら関係ないストーリー展開は許されるのか　064
- **Q 35**　公開されない映画に監督の公表権は働かないのか　066
- **Q 36**　リメイク権という権利はあるのか　068

[著作隣接権]

- **Q 37**　俳優は映画の著作者ではないのか　072
- **Q 38**　ワンチャンス主義とは　073

[映画の頒布権]

- **Q 39**　頒布権とはどのような権利か　075
- **Q 40**　ビデオゲーム（ゲームソフト）にも映画の頒布権の規定が適用されるのか　078

IV　映像製作と利用のための著作権 Q&A

[著作物と著作権関連]

- **Q 41**　"新事実"は著作権法で保護されるのか　082
- **Q 42**　アイデアは著作権法で保護されるのか　085
- **Q 43**　ゲームソフトの連続する静止画は映画か　087
- **Q 44**　映像のDVD化の注意点は　088
- **Q 45**　タイトルの書は　089
- **Q 46**　絵画の写り込みは　091
- **Q 47**　旧法時代の写真の保護期間は　094
- **Q 48**　ダンスシーンの振り付けは著作物か　095
- **Q 49**　舞台セットや照明は著作物か　096
- **Q 50**　テレビ・映画のキャラクターは著作物か　097
- **Q 51**　SE（サウンドエフェクト／音響効果）は著作物か　100
- **Q 52**　番宣・プロモーション目的での公開は可能か　102

- **Q 53** シナリオと原作者の関係は　103
- **Q 54** 動画をネット上で公開する場合の注意点　104
- **Q 55** 未使用の映像素材の著作権者は誰か　106
- **Q 56** モニターテレビや監視カメラの映像は著作物か　107
- **Q 57** ぬいぐるみや人形、プラモデルの著作権は　108
- **Q 58** 著作権消滅の放送映像は許諾が必要か　108
- **Q 59** インターネット掲示板の情報は著作物か　109
- **Q 60** 海外の民謡の著作権は　110
- **Q 61** 著作権者不明の場合はどうしたらよいか　111
- **Q 62** 映画の原作・脚本の表示はどうすべきか　112
- **Q 63** 映像におけるコピーライト表記は必要か　114

[著作者人格権]

- **Q 64** ドラマ化、映画化での原作者の人格権は　116
- **Q 65** 映画やテレビ番組の部分利用は問題ないのか　116
- **Q 66** 要約した"字幕テロップ"は改変か　119
- **Q 67** デジタル処理による被写体の加工は改変か　120
- **Q 68** 完成後(納品後)の作品の改変は可能か　120
- **Q 69** 商品名等のモザイク化は許されるのか　121
- **Q 70** 外国作品の翻訳での同一性は　122
- **Q 71** 差別用語(不適切用語)の処理は　123
- **Q 72** 放送コードの法的根拠は　124

[著作権の制限 (引用と使用)]

- **Q 73** 映像を引用する場合の「正当な範囲」は　126
- **Q 74** 報道における適法引用の可否　127
- **Q 75** 他局の政治ニュース番組を引用できるか　128
- **Q 76** 映像とテーマ音楽、BGMの同時引用は　129
- **Q 77** 音声、音楽を引用する場合の「正当な範囲」　130
- **Q 78** 新聞紙面・雑誌誌面のインサートは自由に行なえるか　130

- **Q 79** 朗読による引用は可能か　131
- **Q 80** 昔の観光用映像の利用は　132
- **Q 81** 市販されている地図の利用は　133
- **Q 82** 番組宛ての手紙・メールの無断公開は　134

[著作隣接権]

- **Q 83** コンサート撮影の制限　135
- **Q 84** スポーツパブでのテレビ中継はよいのか　136
- **Q 85** 歌番組でのCMやアーカイブのインサート利用　137
- **Q 86** 実演家の人格権と著作者の人格権の違いは　137
- **Q 87** 歌舞伎の「型」は保護の対象か　139

[肖像権・パブリシティ権]

- **Q 88** 故人の有名人の写真の利用は　140
- **Q 89** 有名人の名前の利用は　141
- **Q 90** 個人が撮ったニュース映像のブログ掲載　141
- **Q 91** 保護期間満了の映像の肖像権は　142
- **Q 92** 建築物や電車にパブリシティ権があるか　143
- **Q 93** 被取材者の意図に反した編集は許されるのか　144
- **Q 94** 公開放送の観覧者、素人参加番組の出演者の肖像権は　145
- **Q 95** 写り込んだ「個人情報」は　146
- **Q 96** 写り込んだ「プライバシー」は　148
- **Q 97** 過去のニュース映像での肖像権処理は　149
- **Q 98** 報道目的とはいえ個人の無断撮影は許されるのか　149

[商標権　商品化されたキャラクター等]

- **Q 99** タレントグッズ、キャラクター文具の撮影に許諾は必要か　151
- **Q 100** モチーフ、テーマとしての商品名の利用は可能か　152

巻末資料　153

序文
まえがきにかえて

　本書の標題でもある「映像」という語が最近は耳に親しいし、いまや映像は、企業やプロが作るものを個人が情報として受け身になって受け取る立場から、個人が、積極的に自ら作成し、インターネット回線を用いて発信する時代を迎えている。動画の投稿、また投稿動画をテレビの番組とするようなことも行なわれている。

　そういう中にあってみると、この書の記述の中には読者によっては古いと感じられるものもあるかもしれない。しかし、現在「映像」という語で理解され、我々が接しているものは、従来、「映画」と呼ばれてきた「影像の、または影像と音の連続」が、伝送形態の多様な形をとって現れているものである。著作権法上も「映画の著作物」とされているものが多くを占めている。そして、現行法で映画の著作物に関する法制の基礎となったのも、「映画」の存在とそのありようを基礎としたものであることを考えれば、本書の狙いもあながち的を外れているとはいえないと考える。

　ここで、わが国で映画はどのようにして著作物として認められるようになったかについて概観してみよう。

　1．わが国における映画の歩み

　我々が見聞きするような、つまり大勢でひとつの映画を鑑賞するような形態の映画は、1895年フランス、リヨンの写真材料商ルミエール兄弟の発明にかかるシネマトグラフの特許権公布にはじまる。

　明治29年（1896年）11月25日、キネトスコープが神戸において興行されたのが、映画らしきものがわが国においてみられた最初であった。この興行に先立って小松宮殿下がご観覧になったことを報ずる新聞記事に「活動写真」の語が現れた（活動写真の語については後出）。シネマトグラフが初めて興行されたのは大阪戎橋の南地演舞場、現在の南街劇場の地であったといわれる。これ

らはフィルム、機材ともに輸入品であった。

わが国における映画製作は明治40年（1907年）ころより、古い言葉でいえばいわゆる「実写」ものを中心に小映画業者で行なわれていたが、それらを合併した形で「日本活動写真株式会社」（現在のにっかつ）が設立された。平成24年（2012年）ににっかつは創立100年を迎える。

時代が大正に入ると、松竹が蒲田に撮影所を設立して製作に入った。

時代が昭和になると、東宝映画株式会社が創立され、昭和14年（1939年）には国策により統制法である「映画法」が施行された。戦時下の企業整備により、大日本映画製作株式会社（後年の大映）が誕生。太平洋戦争では映画界も映画館の焼失などで打撃を被ったが、戦後は6社の製作体制で急速に回復し、テレビの放送開始までは娯楽の王座を占め、昭和33年（1958年）には年間の観客数が11億2700万人のピークに達した。

映画の技術の発達から見れば、当初の音のつかない無声映画（活動、又は活動写真）の時代から、画と音の世界、つまりトーキーに向かう。その最初の成功は松竹映画『マダムと女房』（昭和6年〈1931年〉監督・五所平之助）とされる。太平洋戦争後はテレビや娯楽の多様化に対抗して、シネラマ、ビスタビジョン、シネマスコープ等々のスクリーン大型化が試みられた。そして、いまや映画は集合的な鑑賞形態から、DVDやテレビ放送を通じてのドメスティックな場での鑑賞形態が拡大傾向にある。

このように変遷を経てきた映画であるが、映画の法的な地位はどのような経路をたどって今日に至ったのであろうか。

2．映画が著作物として認められるまで

映画が法律上「著作物」と認められるに至った経路をたどると、映画がわが国で制定法上著作物と認められたのは昭和6年（1931年）における、旧著作権法の改正時であった。それまで、旧著作権法は活動写真術により他人の著作物を複製し、興行するものは偽作者（著作権侵害者）であるとしていたが、映画の著作権そのものについては定めるところがなかった。昭和6年旧著作権法の改正で、「活動写真術又ハ之ト類似ノ方法ニ依リ製作シタル著作物ノ著作者ハ文芸、学術又ハ美術ノ範囲ニ属スル著作物ノ著作者トシテ本法ノ保護ヲ享

有ス」云々と規定し、映画を著作物と認めた。

　しかし、だからといってその以前にも映画が著作物と認められなかったわけではない。

　大正14年（1925年）1月18日、東京地裁は映画の興行権を争った事件で「我ガ著作権法中ニハ活動写真映画ニツキ著作権ヲ認メタル規定欠如スレドモソノ第1条第1項ノ規定ヨリ推究スルトキハ、同法ノ保護セントスルモノハ、広ク文芸、学術若ハ美術ノ範囲ニ属スル著作物ニ在リト解スベク映画ハ製作者ノ独創ノ精神的所産タル性質ヲ有スル故ニ文芸ノ範囲ニ属スル著作物トシテ保護ノ目的タルモノト解スベキモノトス」と判示し、映画を著作物としてその興行権を認めている。

　現行法ではご承知の通り、映画を著作物の例示の中にあげている。

　映像の世界はこのような変遷をたどって今日に至っている。本書をお読みになる方々は、現在の映像をめぐる諸問題に関心をもたれると同時に、現在の法制の基礎となった事情に触れていただき、問題の理解の一助としていただきたいと思う。

　本書は前日本ユニ著作権センター代表宮田昇さんの強いお勧めがなければ、実現することがなかったもので、さらに今日的な問題及び参考判例の調査等について、映像製作の実際に携わられた宮田ただしさんの多大なご協力によって成立したこと、あわせて宮辺尚さんの適切なご助言をいただいたことを記し、各氏に深く感謝を表する次第である。

二瓶和紀

I　映像と映画

Q1 「映像」と著作権法でいう「映画」はどう違うのか

最近は「映像」という言葉が耳に親しいようです。「映像」と著作権法でいう「映画」はどう違うのですか。

A 「映像」という語は昭和30年（1955年）第1版の『広辞苑』では、「光線の屈折又は反射によって、物体の像が映し出されたもの」と説明されていましたが、昭和58年（1983年）の第3版では端的に「映画やテレビジョンに映し出されたものの像」と説明されています。

これが、一般的な理解かと思われます。

しかし、情報のデジタル化の時代を迎え、光学的な装置によって像をとらえるというプロセスを経ないで、CGなど新しい映像テクノロジーの領域が開かれつつあります。

また映像自体の研究という面からは、映像という言葉の両義性が指摘されています。

一方では写真、映画、テレビといった一連のメディア及びそれを取り巻く諸領域の総体としての映像が想像されるとすれば、各メディアを構成している、文字（キャプション等）や音声（楽曲、語り、効果音等）に対する視覚的構成要素としての映像を想定することができるというものです（植条則夫編著『映像学原論』第1章より）。

ところで一般的に「映像」の語で何を具体的に想像するのでしょうか。このような調査があります。

日本映像学会（1998年学会24回研究大会の「"映像"の概念について」という発表。野村康治、山下耕）によりますと、文系、芸術系の大学生183名の被験者に対し、「〇〇は映像である」という質問について〇〇に何を想像するかを尋ねたところ、その結果、(1) 映画、(2) テレビ、(3) ビデオ、(4) アニメーション、(5) 写真、(6) コンピュータ・グラフィックの順であったとのことです。

やはり「映像」の語で想像されるのは「映画」ということになりそうです。ただこの調査によると、一般に広くテレビの画像や写真もこれに含めて考えられているようです。

普通「映像」の語が一番に「映画」を想像させるように、「映像」の中には著作権法上「映画の著作物」にあてはまるものが多くを占め、「映画の著作物」として保護の対象となるものが多いということになると考えられます。

Q2 著作権法に「映像」という言葉はあるのか

著作権法には「映像」という言葉はないのですか。

A ありません。「映像」という語はかなり広範な捉え方があり（Q1参照）、「映像」の下部概念としては著作物として独立して例示されるものもあるわけで、立法当時そのような概念を用いる必要がなかったのも理由かと思われます。ただこの中にあって、法的判断つまり裁判所の判決の中に現れた例があります。

これは、ある記録映画が二編の映画として企画されたにもかかわらず、当初の計画と異なり、都合で一編の映画としてのみ完成されたため、二編の映画に使用することを予定して撮影し、結果、完成映画に使われなかったフィルムの著作権の帰属を争った事件の判決中に現れたもので、この事件は未編集の映画フィルムの著作物性を直接争ったものではありませんが、未編集のフィルムがいかなるものかの判断が裁判のひとつのポイントとなっていたものです。この判決の中では、未編集のフィルムを「映像の著作物」としています。

この裁判は、三沢市から三沢市の市勢映画「青い海のまち　みさわ」の製作を請け負った映画製作者と、この映画製作者と映画製作への参加契約を締結した映画監督の間で争われたものです。

映画は当初上映時間各30分の「市勢篇」「歴史・文化篇」の2巻として製作される予定のところ、「歴史・文化編」がある事情で監督の構想通り製作することが不可能となったため、市は二篇をまとめて一篇の映画とすることを提案しました。しかし、監督が拒否したため、市はあらためて、製作されたフィルムが上映時間の5倍程度あった市勢編を上映時間1時間程度のものとすることで、監督、製作者もこれに同意し、映画は「蒼い空と碧い海のまち―三沢市の軌跡」として完成しました。

　監督は「歴史・文化編」は完成しなかったのであるから、これへの参加契約は効力を失い、歴史・文化篇のためのフィルムの著作権は監督のものであるとの確認を求めたのがこの事件です。

　第一審の裁判所は映画製作のための未編集フィルムであっても、映画完成後の未使用フィルムであっても、「映画の著作物」にあたるからその著作権は映画製作者のものであると判断しました。この判決を不服として、映画監督が控訴した二審の判断は、撮影されたフィルムの著作権が映画製作者に帰属するためには、映画著作物として完成されていることが前提であって、いまだ完成された映画が存在しない以上は、そのフィルムは「映像の著作物」であって、「映画の著作物」ということはできないから、その著作権は著作者である監督のものであるとされました。一方、映画の完成については、映画製作過程に入った後の撮影済みのフィルムを編集するなどの創作性があれば、それを映画の完成と見るというように「映画の著作物」の完成の要件を緩やかに解しているもののようです。

　なお、この事件の上告は棄却され、二審の判決が確定しています。

（参照：著作権法第2条3項）

参考判例

●「三沢市勢映画『青い海』事件」（「未完成映画の著作権の帰属事件」）
原　　審　東京地裁平成4年3月30日判決　請求棄却
控訴審　東京高裁平成5年9月9日判決　取消
上告審　最高裁（二小）平成8年10月14日判決　上告棄却

Column

　この事件での「未編集のフィルム」は創作性のない断片であったに過ぎないのでしょうか。しかしそれでもその著作物性は認められているようですので、「映画の著作物」とここでいう「映像の著作物」の差異をどこに見出すかは難しいことになると思われます。これに関して映画の著作物の定義がないことが問題であるとする説があります（岡邦俊著『続・著作権の法廷』）。　　　　　　（二瓶）

II 著作権の基礎知識

映像の著作権を知るための第一歩

Q3 保護される"著作物"とは

著作権法で保護される"著作物"とは、具体的にどのようなものなのでしょうか。

A 著作物とは、法の定めるところによれば、「思想又は感情を創作的に表現したものであって、文芸、学術、美術又は音楽の範囲に属するものをいう」（著作権法第2条1項一号）とされています。

「思想又は感情」といいますから、動物が飼育員に導かれて、いかに巧みに画や書を書いたからといって、書や絵画的な価値は別としてこれらは「著作物」とはなりえません。しかし子供が描いた絵は幼稚だとしても著作物たりえますし、アマチュアが趣味で描く絵画も立派な著作物となります。

具体的には著作権法第10条に書かれています。

- 小説、脚本、論文、講演その他の言語の著作物
- 音楽の著作物
- 舞踊又は無言劇の著作物
- 絵画、版画、彫刻その他の美術の著作物
- 建築の著作物
- 地図又は学術的な性質を有する図面、図表、模型その他の図形の著作物
- 映画の著作物
- 写真の著作物
- プログラムの著作物

以上のように、おおよそ人が創作したものは著作物となります。ですので、映画、テレビ番組はもちろん、お父さんが子供の運動会を撮影した動

画もすべて著作物です。

　ただし、これらには例外があり、代表的なものにデータや事実、アイデアなどがあります。データや事実は、「思想感情」ではありませんし（Q41参照）、アイデアはいわゆる「思いつき」ですので著作物となりません（Q42参照）。

　しかし、著作物か著作物でないか微妙なものも数多くあります。

　例えば料理のレシピや家電等の取扱説明書は、誰が書いても差異がなく、創作性は認められないことが多いのですが、その表現次第では創作性が生まれる場合もありますし、レシピ集などは編集著作物となる場合もあります。また通常著作物と認められないアイデアも、そのアイデアを企画書などにまとめた場合、著作物となりえます。

　著作物に該当するかどうかが裁判で争われた例は数多くありますが、そのうちのひとつ、ある週刊誌に載せられた「選挙当落予想表」がほかから寄せられた資料の単なる複製物であるか、独立した著作物かどうかを争った事件の判決があります。裁判所は通常の理解の通り、「思想又は感情」とは人間の精神活動全般を指すものと解され、「創作性」とは厳密な意味での独創性とは異なり、著作物の外面的表現形式に著作者の個性が現れていれば十分であり、「文芸、学術、美術又は音楽の範囲に属する」というのも、知的、文化的精神活動の所産全般と解するのが相当である、と述べた上これを独立の著作物としています。

　選挙の予想は、類似の表現と、内容としては同種のものがあると思われますが、そこに著者固有の表現があったものを認めたものと考えられます。

　また簡単な図形について著作物性を否定した例があります。

（参照：著作権法第2条1項一号、第10条1項、第12条）

参考判例

●「『総選挙当落予想表』事件」
原　審　東京地裁昭和61年3月3日判決　請求棄却
控訴審　東京高裁昭和62年2月19日判決　取消

●「『五輪マーク』事件」
東京地裁昭和39年9月25日決定　却下（比較的簡単な図形についての判断　否定）

Q4 共同著作物とはどういうものか

共同著作物とは、どのような著作物をいうのですか。

A 共同著作物とは、2人以上の著作者が共同して創作した著作物で、各々の寄与部分を分離して利用することができない著作物をいいます(著作権法第2条1項十二号)。

映画の著作物はまさにこれにあたります。映画の著作物は、制作、監督、演出、撮影、美術その他映画の著作者とされる人々の共同の著作の成果で、しかもその成果を分離して利用することは不可能です。

アイデアないし原案の問題としてよく例に引かれる「テレビ映画『私は貝になりたい』事件」があります。

この事件で原告は、このテレビドラマ(のちに映画化)の脚本は自分と脚本家との共同著作物であるとの主張をしましたが、原告の主張事実がその主張通り認められるとしてもそれは、原案を創作したにとどまり、この脚本自体の創作に関与したということにならない、と裁判所は判断しています。

映画の著作物の著作権が、映画製作者に帰属するために、共同著作物の著作権の行使について、実際は著作者からの働きかけはありえないため、映画が共同著作物であることは意識されないようです。

共同著作物の著作者人格権の行使については、著作者間の合意を必要とします(著作権法第64条1項)。もっとも、第三者による著作者人格権侵害に対して権利を保全する行為は各人がこれを行なうことができます。これまで、映画の著作者人格権の侵害であるとして問題となった場合、監督が著作者人格権の侵害を主張するケースがほとんどでした。

(参照:著作権法第2条1項十二号、第64条1項)

> **参考判例**
> ●「テレビ映画『私は貝になりたい』事件」
> 東京地裁昭和 50 年 3 月 31 日判決　請求棄却

Q5 著作物はいつまで保護されるのか

著作物はいつまで保護されるのですか。

A　一般原則は、著作者の生存中及びその死後 50 年とされています。ただし、著作物の性質によって、著作者の死後起算になじまないものがあります。映画やテレビ番組、動画などの映画の著作物は公表時起算となります（ただし、映画の著作物は平成 15 年〈2003 年〉の改正により、公表後 70 年となりました〈Q29〜31 参照〉）。また、法人の名義で著作され公表された著作物も公表時起算で、公表後 50 年です。写真の著作物の保護期間もかつては公表時起算となっていましたが、平成 8 年（1996 年）の改正により、一般の著作物と同様、著作者の死後 50 年とされました。

なお、先の大戦中、連合国の国民であった著作者の著作物については、開戦の日（昭和 16 年 12 月 8 日）から、平和条約がその国において発効する日の前日の間の日数（おおむね、10 年 4 か月程度）が通常の保護期間に加算（いわゆる、「戦時加算」）されることとなっています。

著作権の保護期間については、旧法が適用される著作物の保護、保護期間の延長などに関し、改正法による保護の有無など複雑な関係を生ずることもあり、著作物の個々の利用のつど留意することが肝心です。また近時、諸外国にならい、保護期間を 70 年に延長すべきであるという声もあり、これに対し保護期間の延長は果たして、著作権保護の真の目的に沿うのかどうかとの議論もあります。

（参照：著作権法第 51 条、第 53 条、第 54 条）

Q6 保護の対象にならない著作物や、自由に使える著作物

保護の対象にならない著作物や、自由に使える著作物があると聞きました。どのようなものでしょうか。

A 著作物には、排他的な権利を認めると公益に反するなどの理由や、民主主義社会にあって、国民が等しく情報に接することの必要性などによって、著作権が制限されることが社会的に妥当であると判断されるケースが存在します。

その代表が、著作権法第13条で定めてある「憲法その他の法令」、地方自治体等が発する「告示、訓令、通達」等、裁判所の「判決、決定、命令」等で、これらは著作物ですが、保護の対象になりません。

自由に使える著作物は、「時事問題に関する論説の転載等」（第39条）と「政治上の演説等の利用」（第40条）、「時事の事件の報道のための利用」（第41条）です。

「時事問題に関する論説〜」の典型は新聞の社説です。もっともこれに対しては立法に反対する意見もあります。なお、例えば社説であっても、転載を禁ずる明示のある場合に適用がない点は、反対があっても制限ができる「引用」等の制限規定と異なるところです。

第40条の「政治上の演説等の利用」は、そもそもこれらが一般に広く訴えるものである以上、自由に利用を認めることが妥当と考えられるのが理由かと思われます（Q75、82参照）。

これらふたつの条項にはいずれも一定の条件のもとで自由利用が許されることに留意が必要です。

第41条で定めてある「時事の事件の報道のための利用」はこれらとやや性質を異にしています。

「時事の事件の報道」とは、例えばニュース番組で名画（著作権が存在する）の盗難事件の報道に際し、当該絵画の写真や映像が示されるといった

例です（Q74、75 参照）。　　　　　　　（参照：著作権法第 13 条、第 39 条、第 40 条、第 41 条）

Q7 著作物の保護に登録は必要か

著作権は登録しなければ保護されないと聞きました。本当でしょうか。

A　著作権の発生には何らの手続きや登録を必要としません。創作という著作行為の事実があれば足りるわけです。かつては著作権が保護されるためには、登録しなければならないとする法制を有する国もありましたが、わが国はそのような法制を取ったことはありません。

Q8 「著作者」と「著作権者」の違い

著作権法でいう「著作者」と「著作権者」の違いを教えてください。

A　著作者はまさに著作物を創作したその者です。Q7 の答えのように創作という、その事実をもって著作権は発生します。ところで、「著作者の権利」は著作権とその人格権的側面である著作者人格権から成り立ちます。通常著作権というのは、この「著作者の権利」のうち財産権としての著作権を指します。これは財産権ですから著作者が自ら収益、処分が可能です。著作者が自らの著作権を処分し、ほかに譲渡したような場合、譲受人はその著作権を有するものとして、著作権者となり、自らの裁量でその著作権から収益し、処分し、また著作権侵害があった場合に自己の名で権利侵害に対応することができ、訴訟の当事者能力もあるわけです（Q20〜28 参照）。

著作物は自由に改変できるのか

著作権は売買や相続ができるそうですが、それらによって著作権の譲渡を受けたら、自由に書き直したり、作り変えたりしてもいいのでしょうか。

　わが国の法制は、著作者の権利を財産権である著作権と著作者人格権のふたつの権利としています。

　著作権の権利を人格的な権利と考え、二元的にとらえない法制もあります。このような法制をとりますと、著作権は人格権そのものですから、著作者の権利をほかに譲渡することはできなくなります。

　著作権と著作者人格権の二元的な構成により、財産権としての著作権は譲渡可能ですが、著作者人格権を譲渡することはできません。法は、公表権（自己の著作物を公表するかしないか、公表するとすればいつ公表するかを決定する権利）、氏名表示権（著作物に著作者名を表示するか否か、実名にするか変名にするかを決める権利）、同一性保持権（著作物の題号や内容を他人が勝手に変更し、切除することを禁止する権利）を著作者人格権としています（Q64～72参照）。ですので、著作権の譲渡を受け著作権者となっても、書き直したり、作り変えたりする行為は著作者の許諾がなければ、著作者人格権の侵害になります。また、これらにとどまらず、Q10の著作者の名誉、声望を害する方法での著作物の利用も著作者人格権の侵害とみなされます。

（参照：著作権法第18条1項、第19条1項、第20条1項）

Q10 "著作者の名誉又は声望"を害してはならないとは

著作者人格権で規定されている3つの権利のほかに、"著作者の名誉又は声望"を害してはならない（著作権法第113条6項）という規定があるそうですが、具体的にはどのようなことが問題になるのですか。

A 著作者の名誉声望を害するような著作物の利用は著作者の人格権の侵害とみなされます。いわばこの条はQ9の答えに続く第4の著作者人格権を定めたものといえましょう。

著作者の名誉声望に関し、最高裁は「社会的声望名誉を指すものであって、人が自己自身の人格的価値について有する主観的な評価、即ち名誉感情は含まれない」としています（「モンタージュ写真事件」）。

「著作者の創作意図を外れた利用をされることによってその創作意図に疑いを抱かされたり、あるいは著作物に表現されている芸術的価値を非常に損なうような形で著作物が利用されたりすることを防ぐ」ことにその立法趣旨があると説かれています（加戸守行著『著作権法逐条講義・五訂新版』より）。

著作物の製作意図に反した利用行為をもって名誉声望権の侵害を認めた例もあります（「目覚め事件」）。これは投稿誌の記事をもとに作成されたルポルタージュのドラマ化について、原作者の著作物についての創作意図に反する利用であり、著作者の名誉・声望を害する方法による利用である、とした事例です。

(参照：著作権法第113条6項)

参考判例

●「モンタージュ写真事件」
最高裁(二小)昭和61年5月30日判決　破棄差戻・和解

●「目覚め事件」
東京地裁平成5年8月30日判決　請求認容

Q11 映像プロダクションの社員は、著作者になりうるか

映像プロダクションの社員は、制作したテレビ番組や DVD の著作者になるのでしょうか。

A 基本的に著作者が著作権の主体となることは原則です。しかし、著作者が法人等の職務に従事する者で、その者が職務上行なった創作活動の成果であり、その法人の名義で公表するものの著作者はその法人とされます。当該社員が行なった創作行為が映像プロダクションにおける、職務上行なわれたものである限り著作者とはなりえません。

質問以外でも、会社のキャンペーンイベント等の撮影を社員が行なった場合、学校の修学旅行の撮影を教師が行なった場合も、それらが職務上行なった（上司の命令で行なった仕事のひとつ）のであれば、著作者はそれらの法人となります。

もっとも、職務上の著作を行なうに当たって、契約上、あるいは勤務規則に別段の定めがある場合は別です。職務上行なう創作活動はさまざまであり、その性質を問いません。

(参照：著作権法第 15 条)

Q12 "引用"とは

著作物をタダで自由に使える "引用" という制度があると聞きました。具体的に教えてください。

A よく俗に「無断引用」の語を見たり聞いたりすることがありますが、著作権法でいう「引用」とは、法律上無断で、極端にいえば、反対されても他人の著作物を一定の条件のもとで、自己の著作物に取り込

むことができることをいいます。

　引用される著作物は公表されたものであり、引用が公正な慣行に合致するものであること、引用して利用する著作物と引用された著作物とは、明瞭に区分が認識可能でなくてはなりません。また、目的が報道、批評、研究等その他、引用の目的上正当な範囲内で行なわれなければならないとするものです（Q73～82参照）。

（参照：著作権法第32条）

Q13　少人数で他人の著作物を自由に使える範囲とは

個人や家族など、少人数で楽しむ範囲なら他人の著作物を自由に使えると聞きました。では親しい友人の集まりや結婚式、会社の部会やカラオケサークルなど、10数人程度の少人数で楽しむ場合も他人の著作物を自由に使えるのでしょうか。

A　もともと著作物を「使用する」こと、例えば小説を読む、CDを聴くことには著作権は及びません。また、私的な使用に供するために、著作物を自らの手段で複製を行なうことについても著作権が及びません。

　本来そのような私的使用とは、個人的または家庭内及びこれに準ずる範囲の使用を指します。10人程度という具体的な数字がこの範囲に入るかどうかは難しい判断と思いますが、例えば、合唱サークルなどが市販で入手できる楽譜をプリントする場合、会社の行事での場合などは、筆者の考えでは、私的使用のための複製にはあたらないと考えています。

　自己の手段ですから（「公衆の使用に供することを目的として設置されている自動複製機器（複製の機能を有し、これに関する装置の全部又は主要な部分が自動化されている機器をいう。）」）（著作権法第30条1項一号）、例えばビデオやオーディオのダビング機などを使用し、又は業者に依頼して複製をすることは認められません。もっともコンビニなどに設置されている、もっ

ぱら文献、図画の複製に供されるコピー機のようなものによる文書、図面の複製は当分の間認められています（著作権法附則第5条の2）。

このような条件で合法的とされる私的使用のための複製であっても、その複製物を私的使用の範囲を超えて利用すること（公衆への提示、頒布）は許されないことはもちろんです（著作権法第49条1項一号ほか）。

なお録音録画機器の普及、発達に伴い、私的複製の場合でも権利者の経済的利益を確保するために、デジタル機器に賦課される「私的録音録画補償金制度」があります。

また、複製が、技術的に不可能とされている技術を回避して作成する複製、そのような複製物と知りながらこれを複製することは、私的使用のための複製とは認められません。

最近は電子書籍の発達に伴い、自己の所有する既存の書籍等の他者の手を借りた電子的複製（いわゆる自炊代行）が問題となっているようです。

（参照：著作権法第2条5項、第30条、第49条、附則第5条の2）

Q14 テレビ番組の録画の学校内での利用

テレビで放送されたドキュメンタリー番組を録画して学校内で生徒に見せ、感想文を書かせようと思っています。テレビ局の許諾は必要でしょうか。

A 学校等の教育機関の授業に使用される場合は、公表された著作物を必要な限度で複製することができます。ここで教育機関として認められるものは、典型的な例として小中学校、高等学校、大学、各種学校、専門学校等があげられます。

営利を目的とする、学習塾、企業内の研修施設、グループの学習塾などは該当しない例です。

必要な限度内ですから、授業の過程で使用される目的で作成された著作

物、例えば市販されているドリル、ワークブックなどの複製は認められないとすべきでしょう。

　質問の場合は、以上の条件を満たす限りは可能であると考えます。必要な限度内ということですから、漫然と録画してよいという態度でなさるべきではありません。また、そのような録画物をほかの目的に使用することは、Q13での説明通り、できません。

(参照：著作権法第33条、第35条)

Q15 営利を目的としない映画やテレビ番組の上映

営利を目的としない無料のコンサート会場で、映画やテレビ番組の市販のDVDを上映することは著作権法上問題ないでしょうか。そのコンサートは、視覚障害者の支援を目的としており、歌詞カードを点字で作り、入場者に無料で配布します。作詞者の許可は必要ですか。

A　非営利目的の場合、著作物の上演、演奏など、無形の利用が許されています（著作権法第38条）。この場合、上演等が非営利であること、無料であり、出演者等に報酬が支払われないことが条件となります。例えば学校の文化祭での演劇の上演や、音楽の演奏がこれにあたるでしょう。非営利目的というのは、上演からの収益を目的としないものであっても企業の宣伝等のものはこれに該当しないとされます。入場料という名目でなくても、何らかの対価がそこに含まれていると考えられる場合は無料とはみなされないケースがあることに注意が必要です。

　視聴覚障害者の福祉の増進という目的で、公表された著作物の点字による複製、一定の制限のもとで行なう視覚障害者のための貸出し用については著作物の録音が許されています。しかしこれはあくまでも視聴覚障害者のためであって、支援目的であっても健常者のために配布できるものではありません。

(参照：著作権法第37条、第37条の2、第38条)

Q16 「著作隣接権」とはどのような権利か

「著作権」のほかに「著作隣接権」という権利があると聞きました。「著作隣接権」とは具体的にどのような権利で、誰のための権利なのでしょうか。

A 著作権法上、実演家、レコード製作者、放送事業者、有線放送事業者は著作隣接権者として保護されます。これは自らが著作行為を行なうのではありませんが、著作物の社会的伝達を行なう重要な役割を持っているものとして保護が付与されています。

著作隣接権は具体的な例を実演家にとれば、実演家は自己の実演に対し、録音録画権、放送・有線放送権、送信可能化権を有します。また氏名表示権、同一性保持権の人格権も有することになります。

著作権に隣り合った権利という意味での隣接権という語は、かつて、これらが「neighboring rights」といわれていたところから来たと思われます。最近では「related rights」と呼ばれているようです。

わが国では現行著作権法の制定時に、この法制が創設されました。

(参照:著作権法第89条、第90条の2、第90条の3、第91条、第92条、第92条の2)

Q17 ネット上では著作権の規制は緩いのか

「YouTube」をはじめとする、いわゆる動画配信サイトには、著作権処理がされているとは思えない動画や音楽が掲載されています。インターネット上では、出版や放送に比べ著作権の規制が甘いのでしょうか。

A 動画の配信は著作権法上、著作者の公衆送信権が働きます。

「公衆送信」は「放送」「有線放送」を含む概念です。以前はこの権利は「放送権」「有線送信権」とされていましたが、有線のオンデマンドによる送信、インターネットなどを利用したインタラクティブ送信の発達に従い平成9年（1997年）の法改正により、有線無線を問わず放送、オンデマンドによる送信すべてを含む新たな概念として再構築されました。

送信可能化は、送信の準備段階であっても公衆送信権が働くものとされています。具体的に送信可能化とは、インターネット上のサーバーにアップロードする場合を指します。

インターネット上に掲載される著作物について、著作権規定が甘いということはありません。著作権侵害の捕捉が数量の点などで難しいための現象に過ぎません。

（参照：著作権法第2条1項七の二号、第2条1項九の五、第23条）

Ⅲ 映画の著作権の基本のQ&A

「映画の著作物」

Q18 映画の著作物とは

著作権法でいう「映画の著作物」とは何を指しますか。

A 著作権法にはその定義がありません。

このことで、Q2の「三沢市勢映画『青い海』事件」での未完成フィルムをどうとらえるかについて混乱を生じているとの説があります。

著作権法で「映画の著作物」の定義のない理由については、「映画は伝統的なフィルムによる劇場用映画を念頭におき、ア・プリオリに使った」と説明されています（加戸守行著『著作権法逐条講義・五訂新版』より）。たしかに旧著作権法の改正の諮問がなされた時代には、映画を定義する必要は誰もが感じなかったほど、映画といえば劇場映画が想像され、事実、日本の劇場用映画製作の全盛時代でもありましたし、万人がそのことを疑わなかったともいえます。

ただ、当時はようやく映画をフィルム以外の媒体に固定する試みが数多く行なわれはじめ、旧著作権法が改正されて現行の著作権法が施行された昭和46年（1971年）ころには、その規格が統一されていなかったとはいえ、映画がビデオテープの形で販売やレンタルされるという時代を迎えていました。

現行著作権法は映画を直接定義付けはしませんでしたが、著作権法第2条3項の定義規定ともいえる条項によりビデオテープ、ビデオディスク等も「映画の著作物」として保護されています。

同項によれば、映像の連続が物に固定されることが要件とされていますので、生のテレビ放送の画面は「映画の著作物」ではありません。もっとも、録画物による放送はそこに固定された媒体が介在するので、観念的には映画の著作物が存在するともいえますが、放送のために一時的に固定されたものについては、それが成立する基盤が映画の著作物とは異なり、映画の著作物としての権利関係は生じないことになります。　(参照：著作権法第2条3項)

Column

参考(1)

　情報がデジタル化される時代、映画の著作物と考えられるものが多様化してくるに従って映画の著作物の定義を考える論議がなされているようです。「マルチメディア小委員会ワーキング・グループの検討経過」(著作権審議会マルチメディア小委員会ワーキング・グループ検討経過報告平成7年〈1995年〉2月)によれば、

(A) 映画の著作物の範囲は伝統的な劇場用映画に限定し、それ以外の文字、音声、画像が統合されて全体としてひとつの創作的表現になっている著作物のような新たな分類を設ける。

(B) 映画の著作物という分類を廃止し、より広い範囲の著作物を含む「視聴覚著作物又はマルチメディア著作物」のような新たな著作物の分類を設ける。

との対応例が考えられたようです。

参考(2)

佐野・加戸両氏は映画の定義について、次のような見解を述べておられます。

(著作権法制100年と今後の課題「ジュリスト1160号」より)

佐野「劇場用の映画とそれ以外いわば視聴覚的な著作物とをまぎれのない定義で区別できるかどうかは難しい課題のように思えます。しかし区別が必要なことは疑いもないし、少なくとも流通の態様は明らかに違うのだから、頒布に関する権利で仕分けすることはできるように思うのです」

加戸「映画の著作物というのは複雑な方程式で成り立っているようなものですから、今法制は法制で箱詰めにして、カプセルに入れてしまう。いうなれば映画の概念規定をシビアにして、本当に頒布権を行使する必要性のあるものだけに限定してしまう。そこで区切りをつけないと今の議論はどんどん、なお一層広がっていくのではないでしょうか」

註) 佐野((財)放送大学教育振興会会長 佐野文一郎) 加戸(愛媛県知事 加戸守行) いずれも座談会当時(現行法制定時はそれぞれ文化庁文化部長、文化庁文化部著作権課長) (二瓶)

Q19 ビデオゲーム（ゲームソフト）は映画の著作物か

映像の説明の中に出てくるビデオゲーム（ゲームソフト）など、カメラなどの作用を経ないで生まれる映像は映画の著作物ではないのですか。

A ビデオゲームは映画の著作物であるか否かという争いが生じました。つまり映画の著作物であれば、そこには当時映画特有の権利であった上映権があり、無許諾の利用は無断上映による著作権侵害が成立するということです（ただし現在は法改正によりすべての著作物に上映権が認められています）。またこの当時は著作権法改正によりプログラムの保護が認められる前であったため、原告のゲーム開発者はビデオゲームの無断利用は映画の上映権の侵害であるとして、無断利用者を訴えました（「パックマン事件」）。このビデオゲームについて、裁判所は「映画の効果に類似する視覚的効果を生じさせる方法で表現されているとの要件を満たしていること、ブラウン管上に映し出される映像等はROM中に電気信号を発生できる形で固定されていること」を認め、「映画の著作物」と判断しています。その後のビデオゲームをめぐる事件でも映画の著作物と認めた判断が多いのです。

参考判例

● 「パックマン事件」
東京地裁昭和59年9月28日判決　請求認容

● 「ドラゴンクエストⅡ事件」（仮処分申請事件）
東京地裁昭和62年2月24日決定　仮処分認容
（映像画面の許諾範囲を超えた画面の出版物への掲載）

● 「ディグダグ事件」
東京地裁昭和60年3月8日判決　請求認容
（ビデオゲームのプログラムとその映像の無許諾利用）

Q20 映画の著作者は誰か

映画の著作者は著作権法の上でどう定められていますか。

 映画は誰が作るのか、言葉を変えれば映画の著作者は誰かという疑問があります。

かつてこのことがなぜ問題となったかというと、映画が著作物と認められた後、旧著作権法ではその第22条の3で「活動写真術又ハ之ト類似ノ方法ニ依リ製作シタル著作物ノ著作者ハ（中略）本法ノ保護ヲ享有ス（後略）」とあったため、著作者が誰であるかによって、その著作権が誰に帰属するかが左右されることになるからです（旧法下の製作にかかる映画の著作権保護期間に関連してはQ29を参照）。

古くから、映画の著作者が誰であるかについては（1）映画は製作に関与する者の共同著作物であるという説がある一方、（2）映画は単独の者の著作物であるとする説がありました。後者を唱えたのは映画監督と、映画製作者（映画会社）でした。映画監督の立場に立てば「シナリオに基づいて、演出プランを立て、カメラワークを決定し、俳優の演技を指導し、その他技術スタッフを指揮して具体的に創作活動を行なうのは監督であり、監督こそは唯一の映画の著作者である」と主張しました。

一方、映画製作者は「製作者は製作すべき映画を企画立案してその製作を決定し、これにふさわしい監督、脚本家、俳優、カメラマンその他主たる技術者を選ぶなど具体的に製作スタッフを編成し、製作過程においても、製作者の意図に従ってその製作をリードして、映画が完成すれば、公開の可否を決定する。従って映画製作者こそが唯一映画の著作者である」と主張していました。

著作権法改正の審議を行なった著作権制度審議会の第四小委員会（映画関係）において、容易にこの議論は決着を見ることなく、審議会の答申では、「映画の著作者は『映画の著作物の全体的形成に創作的に関与した者

とする』(中略)著作者を法文上例示しないものとする」としました。しかし、「映画は映画製作者の単独著作物とする」という少数意見があることが付記されました。

(参照:旧著作権法第22条の3、著作権法第16条)

Column

　この項に「活動写真」という語が出てきます。今日では映画を指す言葉としては死語ですが、それの名残でしょう。筆者が映画界に入ったころは、まだ映画を見ることを「写真を見る」と日常使われており、ひとつ前の世代などでは熱狂的な映画好きのことを「活キチ」などと呼ぶことがありました。筆者の縁者に教育界にあって、映画評論を書き、晩年には映倫の映画青少年委員会の委員などを務めたペンネームを大塚恭一と名乗る者がいました。親類縁者から「活キチ」と呼ばれていました。

　当時の映画製作を振り返ってみますと、筆者の在籍した会社では、自社に製作の機材等を備えた二つの撮影所を持ち、そこには、それぞれ専属契約を結んだ脚本家、監督、俳優、カメラマン、多くの技術者を配置し、これら会社の支配下にあるスタッフ、俳優等が会社の企画した作品を、会社(具体的には撮影所長)の指揮に従い、封切日に間に合わせ、予定する期日に完成するよう製作を行なっており、これらを統括するのが本社の製作本部でありました。映画が完成すると監督をはじめ主なスタッフ立ち会いの下で、社長自ら完成試写を見て公開の適否を決定し、あるいは訂正を求め、あるときは社長がその出来ばえが自分の意図と異なると激しく叱責する場面のあったことを目にしていました。

　このような一貫した意思の存在を現実的に感得しうる映画製作のあり方は、当時の日本の映画界においてはどこも同じでありましたし、このような現実から映画製作者(会社)は、早くから映画は会社が創るものであることの主張を掲げていたことは理解できないわけではありません。

(二瓶)

Q21 映画の著作者はどのように定められたのか

制定の経過は Q20 の回答通りとして、著作権法上、映画の著作者はどのように定められたのですか。

A 審議会の答申を受けて、現行法ではその第 16 条で映画の著作者は「制作、監督、演出、撮影、美術等を担当してその映画の著作物の全体的形成に創作的に寄与した者とする」と定められました。答申においては、「映画の著作者の例示は法文上しないものとする。」とされ、結局個々の映画について実際に判断されることとなりましたが、このように例示されたのは、映画の著作者となりうる者の範囲をなるべく明確にすることに配慮を示したといわれています（国会審議における政府委員の答弁ほか）。一般に解説等を見ますと、一貫したイメージをもって映画製作の全体に参加している者が映画の著作者であって、部分的に創作に寄与する助監督や撮影助手は含まれないと解せられているようです。

しかし、このように職種で映画の著作者になりえない者として、助監督あるいはカメラ助手等を示すことはあまり適切ではないと思われます。例えば助監督であっても、いわゆるチーフと呼ばれる助監督にあっては、監督の意を体して演出を行ない、撮影に関するすべての調整を行ない、撮影日程の関係から別班を率いて、撮影を行なったりすることがあります。たしかにこれを「映画の一部分についての創作に関する寄与」といえないことはないのですが、その部分には映画の全体的な構想が理解されなければ成り立ちえないものがあるのではないでしょうか。部分には全体が宿ることはありえるように思われます。このように見ますと映画の著作者を例示することは否定しませんが、職種によって著作者から排除される者があることは適切ではないと思われます。従って、法文上の例示はあくまでも例示にとどまり、結局のところ著作者たる映画の全体的形成に創作的に寄与した者が誰であるかは、個々に判断されるしかないのではないでしょうか。

第16条では前段で映画の原作者、脚本家その他映画の著作物に複製されている著作物の著作者、例えば映画音楽の著作者や映画に利用された美術作品の著作者、例えばタイトルに利用された書など美術作品の著作者は、それが、当該映画のために創作されたものであっても、映画の著作者からは除かれています。

　その理由については、それが映画のために創られたものであっても、独立して著作物として存在しうるし、映画作品との関係で別個の権利関係を保ちうるとの判断からです。

　見方によっては、脚本家等の地位やその著作物の保護が手厚くなったというのが、その効果でしょう。

(参照：著作権法第16条)

Column

　著作権法の改正が論議されていた当時、映画の製作に参加する者は、自社の撮影所でどれだけの職種があるかを調べたところ、その職種の数は関係者以外あまり知られていない、進行、スクリプター、装置の建て込み、園芸、小道具、技髪、結髪、美粧特殊撮影、効果、照明、電飾等々80種にも及びました（巻末「映画製作職種一覧」参照）。もちろん映画製作に常にそれだけの職種のものを必要とするわけではありませんが、映画製作にはそれだけ多数の者が参加するのだということをご参考に示したわけです。

(二瓶)

Q22 脚本家は映画の著作者になれるのか

映画の原著作物とは何ですか。脚本家は映画の著作者になれますか。

A　Q21で、映画製作のために著作されたものの著作者であっても、映画の著作者から除外される者があると説明しましたが、その代表的な者が脚本家、つまりシナリオライターです。小説の映画化の場合、

その小説が映画製作に先行し、映画の原著作物になるということは容易に理解できますが、脚本の場合はどうでしょうか。

　わが国の映画業界に俗に映画は「一に狂言、二に役者」という言葉がありました。

　言葉通り、ストーリーの面白さとスター級の俳優が映画の成功を左右するとされ、脚本が重要視されていたにもかかわらず、過去においては多くの脚本家が映画製作者との関係で、専属契約者として映画会社に従属して仕事をしていたために、脚本家はその地位を高め、権利の確立といった観点から、著作権法改正時には、映画とは独立した著作者として扱われることを強く望んでいました。わが国において脚本家は、結局、小説の著作者のように映画の原著作物の著作者として取り扱われることとなりました。

　その理由として、脚本は映画の著作物を離れても別に著作物として存在しうるところから、映画の著作物に利用された原著作物の著作者と、映画の著作物の著作者という二重の立場は、映画の利用に関する権利を複雑にするといったことがあげられています。

(参照：著作権法第28条)

Column

　映画の脚本（シナリオ）が作成される実際の過程を見ますと、特殊なケースを除きほとんどの場合、まずプロデューサーなり映画の製作者が企画した映画にふさわしい脚本家を選び、脚本の作成を依頼する。委嘱された脚本家はもととなる小説等原作がある場合は、その原作等を脚本の形に脚色する、あるいはプロデューサーの考えたプロットに従って脚本を作成する。そして書き上げられた脚本は製作者あるいはプロデューサーにより「本読み」といった形で検討され、当初の意図に従って完成され満足された場合に、撮影台本として関係者に配布され、撮影現場が動き出すといった形をとるのが通常です。このように見ますと、脚本家は映画製作そのものに密接に関係し、映画製作者の意図に沿い、その作業が行なわれるわけです。

　映画化を何ら予想せず、いわゆるレーゼドラマのような脚本の存在は想像するのが難しいのです。このように見ますと、脚本家は映画の著作者のひとりと見てもよいのではないかとも考えられます。現に外国の法制では、脚本家を映

画の著作者として取り扱っている例もあります。

　例えばフランス、イタリアはその例です。しかし、わが国において脚本家は結局、小説の著作者のように映画の原著作物の著作者として取り扱われることとなりました。

　しかし先に述べた映画製作をめぐる脚本の成立に立ち返って考えますと、脚本が映画の原著作物であるというのはあくまでも法的なフィクションだと筆者は考えています。

　このように、通常の劇場映画が常に脚本の二次的著作物といった関係となり、脚本家の権利は手厚く保護されることとなりました。

(二瓶)

Column

　ご承知の通り、二次的著作物の原著作物の著作者は、二次的著作物の利用に関し、二次的著作物の著作者と同一の権利を有することとなるため（第28条）、その後、劇場映画をめぐる環境の変化に従い、テレビ放送、ビデオ化等映画利用の多角化と共にそれらの使用のつど、映画製作者は、脚本作成当時に予想できなかった使用方法だとする脚本家の権利主張に対処するため、その交渉、解決に相当な時間と労力を費やさなければならない困難に直面することとなりました。脚本家の団体は映画製作者に対し、ビデオテープの際の使用料は（これは合意していました）ビデオディスクの使用料と同じとすることには承知できないとして、販売差し止めの仮処分を申請するなどの挙に出たことがありました。その後、現在の使用料規定に落ち着くまでには相当な紆余曲折と時間があったことを思い出します。

(二瓶)

Q23 企画者と発注者と製作者の関係

弊社はある文化財関係の記録映画の製作を依頼されました。依頼主との関係で弊社の立場をいかに考えたらよいでしょうか。またこの企画は第三者が発案し持ち込まれた企画ですが、弊社の実績を見込んで、製作を引き受けることとなりました。製作費という名目で依頼主から金員が支払われることになっています。企画を持ち込んだ第三者との関係はどうなるでしょうか。

A この問題は依頼主との関係で記録映画の映画製作者が誰かという問題と、同じく契約上の問題、更に企画を持ち込んだ第三者との関係があると思われます。

まず映画製作者は誰かということですが、仮に第三者が持ち込んだ企画で、依頼主から大まかな映画製作の対象と製作の指示を示されているような場合には、依頼主が費用を負担したとしてもこの映画の製作者たりえませんし、企画を持ち込んだ第三者が映画製作者になることもありません。

映画製作者たりうるには、著作権法第2条1項十号が示すように「映画の著作物の製作に発意と責任」を有しなければなりません。映画製作に発意を有するとは、その映画の製作を遂行する意思を持って映画製作に必要なすべての手配を実行することだと考えます。法の英訳には「initiative」の語があてられ、また英国法では映画製作者を「映画を作るために手配を引き受けた者」をいい、手配を「arrangement」としているところを参照すれば理解を得ることができると思います。また第三者からの働きかけがあって製作を決めた場合でも、上記のように製作に関する手配等があった場合は発意があったと考えて差し支えありません。そのような裁判例を見ることができます（「『超時空要塞マクロス』の著作権確認事件」）。

映画製作者の仕事は多岐にわたりますが、質問の場合、構成脚本の執筆を依頼する、監督、カメラマン、実際の撮影をどう進行させていくかの責

任者（よく製作主任とか進行係といった名称で呼ばれる）を選ぶ、必要があればこれらを統括するプロデューサーを選任するなどがあげられましょう。完成の最終決定をするのも重要な仕事です。これらの仕事を遂行することによって、映画製作者としての関係を依頼主との間に持つことになります。法が責任といっているのは映画製作の経済的な面を自己の計算において行ない、それに責任を持つことと考えます。

依頼主からは「製作費」の名目で金員が支払われても（このような場合が多いようですが）、製作予算を立て、それを実行し、映画を完成させる責任を負うことで、名実ともに「映画製作者」となるわけです。依頼主との関係ではその名目の如何にかかわらず、支払われた金員の額から、それが、あるときは著作権の譲渡を目的としたものか、ある範囲の利用許諾の対価であるかの判断が必要となりましょう。企画を持ち込み、あるいはこの映画製作の実現のコーディネーターだったかもしれない第三者は以上の理由から、映画製作に「発意」を有する者ではなく、当該第三者に対してスタッフとして契約上の処遇をするか、あるいは何らかの報酬を支払うことがひとつの解決の方法かもしれません。

本項に関連して、現在、映画の製作は「製作委員会」という名のもとに製作されるケースが多いようです。製作委員会の性格についてはその多くは民法上の任意組合とされるものが多いようです。

ただし、製作委員会が映画の著作権者であることは事実のようですが、著作権法上の映画製作者かどうかは、外見上分明ではありません。

（参照：著作権法第2条1項十号）

参考判例

●「『超時空要塞マクロス』の著作権確認事件」
原　審　東京地裁平成15年1月20日判決　請求一部認容、一部棄却
控訴審　東京高裁平成15年9月25日判決　控訴棄却

　アニメ制作会社がテレビアニメ製作に関し、被告、作家、漫画家との渉外、経理事務、取材の代行業務を行なう者、テレビ、ラジオの宣伝広告、映画製作を業として行なう者、を相手として自己が映画製作者であること等の確認を求めた事件。裁判所は映画製作に「発意」を有するとは、必ずしも最初に企画立案することを要するものではなく、企画者からの働きかけによって製作する意思を有するに至った場合を含むと解すべきである、としている。

Q24 クラシカルオーサー、モダンオーサーとは何をいうか

映画の著作者に関し、クラシカルオーサーとかモダンオーサーという言葉を聞きますが、説明してください。

A 映画の著作物はアマチュアが趣味で旅行のビデオや、家族の記録を撮るような場合を除き、多くの場合、脚本や場合によっては小説や戯曲といった原作が存在し、それらを映画化した二次的著作物となることはご承知の通りです。これに着目して、映画の原著作物である脚本や原作の著作者、映画に複製されている音楽等の著作者を、映画著作物に先行する著作物の著作者として「クラシカルオーサー」と呼び、映画の監督や著作権法でいう映画の著作者と目される著作者を「モダンオーサー」と呼んでいます。この呼称は、ドイツの著作権法学者ウルマー教授が唱え出したものですが、後日自ら訂正し、それぞれ「既成の著作物の著作者」「寄与（コントリビューション）の著作者」と呼んでもらいたいと発言していることに注意したいと思います。

「映画の著作権」

Q25 映画の著作権者は誰か

映画の著作物の著作権は誰のものとなるのですか。

A 映画の製作に関与するそれぞれの人々の位置付けを見てきましたが、このようにして製作された映画を利用する権利の帰属はどうなるかが問題となります。

著作物を著作した者に著作権が発生するという原則から、映画の著作者即ち「映画の著作物の全体的形成に創作的に寄与した者」に著作権が発生するわけです。しかしながら現行法の映画の著作物を考える場合の基礎となった劇場映画を考えますと、これらの映画の製作費は直接・間接費を併せて巨額なものとなり、映画製作者はそれだけの投資を回収し、利潤をあげるというリスクを背負って映画製作を行なうわけですから、当然映画のあらゆる利用を集中して行ない、当初の目的を達成する必要があることは容易に理解できることであり、また従来より映画はそのように利用されてきたのが実態でありました。

映画製作者（多くの場合映画会社ですが）が一手に映画を配給、即ち映画会社が増製したプリントを興行者に貸与して上映するその収益（興行収入といいます）を、興行者と映画会社が一定の割合で分け合い映画会社が収入を得てきました（この映画会社の取り分を配給収入といいます）。近時は映画が映画館の上映のみならず、映画のテレビ放送、DVD化、オンデマンド配信などその利用が多角化しています。また、映画の製作に参加する人々も、そのように映画は利用されていくものだとの理解の下に製作に参加しているのが実状と思われます。従ってこのように映画の利用権が映画製作者に集中することについては、大方の異論のないところでありましょう。

ただ著作物を著作した者に原始的に著作権が生ずるというところから、映画の著作者に生じた著作権を、どういう方法で映画製作者に移転するか

については議論のあるところで、諸外国の法制でもさまざまな手法がとられているところです。

　わが国においては現行法制定時に、共同著作者である映画の著作者に発生した著作権は、特約のない限り映画製作者に譲渡されたものとする推定規定を設けるか、著作権は映画製作者が有する旨を法定する方法が主として問題とされ、現行法ではその後者が採用されました。

(参照：著作権法第29条1項)

Q26 フリーディレクターには権利はあるのか

フリーディレクターは作品ごとに依頼を受け、場合によっては正式に契約して制作に参加しますが、作品完成後に主張できる権利はあるのでしょうか。
例えばDVD化やネット配信など、作品完成後に二次利用される場合、印税等の主張はできないものでしょうか。また、完成後に意図しない再編集や音楽のつけかえが行なわれることについて、最近では契約書で異議を唱えないことを定められますが、契約をしていても再編集などの行為は著作権法でいう「同一性保持権」の侵害にあたるのではないでしょうか。

A　ディレクターという語は映画の場合は、通常映画監督を意味し、テレビドラマの場合は演出を意味すると思われます。映画監督の場合、それがフリーという立場にしろ、映画製作者と恒常的に契約関係を有している立場にしろ、映画の著作者という立場に変わることはありません。映画の著作権は参加契約によって映画製作者に帰属することになりますから（著作権法第29条1項）、完成映画の利用について監督はそのつど異議の申し立てや、報酬又は対価の要求を当然にはできません。ただしその前提となるのは、法の条文も示す通り「当該映画の著作物の製作に参加

することを約束しているとき」、つまり参加契約が前提となるわけです。「この参加契約において映画製作者に帰属することになる著作権の行使について条件を付することを妨げるものではありません」（加戸守行著『著作権法逐条講義・五訂新版』より）とあるように、この参加契約において、いわゆる二次利用についての条件を約束することは理論上可能です。

　実務的には、わが国の映画製作者団体と映画監督の団体が、映画のテレビ放送、ビデオ化等について申し合わせを取り交わしている「追加報酬」に準じた報酬の支払いを、参加契約において要求するのもひとつの考え方ではないでしょうか（巻末「劇場映画の二次使用に関する著作物使用料、追加報酬支払い契約」参照）。

（参照：著作権法第20条1項、第29条1項）

参考判例

●「スイートホーム事件」

原　審　東京地裁平成7年7月31日判決　請求棄却
控訴審　東京高裁平成10年7月13日判決　控訴棄却、拡張請求棄却
（映画の二次使用に関する監督の要求についての争い）

　この判決では、映連―監督協会間の申し合わせ事項は、映画の二次使用料について、慣習とはいえないと判断されています。従ってそのような報酬が当然に支払われるものではなく、上記のような配慮が必要となるでしょう。

（争点1）　映画「スイートホーム」（本件映画）の監督（原告、控訴人）と映画製作者（被告、被控訴人）の間で締結された本件映画の脚本使用契約は本件映画の劇場上映以外のいわゆる二次利用の許諾がされていたか。
（争点2）　監督契約において本件映画の二次利用についての報酬を支払うという合意がなされていたか。
（争点3）　本件映画のビデオ化やテレビ放映の際のトリミングは監督の著作者人格権（同一性保持権）を侵害するか。

（以下略）

　本事件において原告の請求はすべて棄却されている。
　争点1及び2について、被告は本件映画の利用については監督及び製作者間の話し合いの場において、本件映画が商用映画として劇場での上映のほかテレビ放映、ビデオ化等の展開がなされることを監督も承知していた。報酬の契約について、監督は別段の異論を示していないしビデオ販売の前後においても同様であった。監督、製作者ともに日本映画製作者連盟の加盟社、日本映画監督協会会員ではなく、同連盟と同協会との協約に拘束されることはない。同連盟と同協会間の協約は映画業界全般における慣習ではない。
　争点3については、本件映画の製作の総指揮を行なった製作者が、本件映画の十分な配慮のもとで行なったもので、監督も本件映画のテレビ放映、ビデオ化を許諾していることから、このトリミングは「やむを得ない改変」と認められるとした。

Q27 フリーカメラマンには権利はあるのか

フリーカメラマンは作品ごと、またはロケごとに依頼を受けて製作に参加しますが、作品完成後に主張できる権利はあるのでしょうか。
ドキュメンタリー作品のロケでは、カメラマン主導で撮影を行なうケースも多く、まれにディレクター不在での撮影もあります。作品の演出に深く関与しているのだから、DVD化やネット配信などの際、何らかの主張はできないものでしょうか。

A 本質問は、ほぼQ26と同様に考えられますが、そこで述べたような、わが国の映画製作者団体が監督の団体と交わしたような申し合わせがカメラマンにはないので、実務として契約上要求するよりどころがないのが難しいところではないかと考えられます。撮影監督の団体は映画製作者の団体に、監督と同様な申し合わせを結ぶよう早くから要求しているようですが、実現していないのが現実です。

また、例えば上記のような団体間の協約ができたとして、両団体の構成員を拘束する力はあっても、映画業界全体にかかる慣習としては認められないこともありますから、個々の契約上主張するほかないと思います（Q26参考判例参照）。

Q28 テレビの「制作・著作」「製作・著作」は何を表わしているのか

テレビの放送を見ていたら、エンドタイトルに「制作・著作」あるいは「製作・著作」という表示があるのに気がつきました。これは何を表わしているのですか。

A 著作権法で「制作」という語は、映画の著作物の著作者の例示の中に現れ、映画の著作者としての個人プロデューサーを意味するといわれています。また「製作」の語は映画製作者の語の中に見えます。

ところでテレビ番組は、テレビ放送開始の初期にはいわゆる生放送がほとんどで、古くからのドラマ出演者からは生ドラマの苦心談などが語られることがあります。しかし録画手段の発達と番組の多様化で、放送番組はあらかじめ録画されることが多くなりました。

もちろん放送事業者は一時固定の方法で（例えば実演家から実演の放送の許諾を得た場合、その実演を放送のために録画することができます〈著作権法第93条1項〉）番組を録音、録画することは可能です。その場合は固定されていても、映画の著作物にはあたらないわけですが、しかし番組の多様化で放送番組が映画の著作物の形で作られることが多くなっていきました。

そこでこれらの映画の著作物の映画製作者は誰かということになるわけです。放送事業者は、番組の製作を外部に委託することもありますし、自己で製作することもあります。放送事業者が映画製作者という立場に立てば、映画の著作物の形で製作された番組を構成する映画の著作権は、著作者と目される製作参加者との参加契約により、放送事業者が著作権の帰属の主体になるわけです。

一方、映画の著作物であってもそのような製作態様を取らずに成立しうる場合があります。それは著作権法第15条の法人著作とされる場合です。条文が示すように法人著作たる著作物は、法人その他の使用者がその発意にもとづき法人等の業務に従事する者が職務として著作し、法人の名義で

公表される著作物です。この場合、法人または使用者が著作者となり著作権者となるわけです。ですから、放送事業者が著作者となり、当該映画の著作物の改変等について著作者と著作者人格権上の問題は生じません。放送事業者はその職務に従事する者がスタッフとして、つまりそのスタッフが被雇用者の職務上著作した映画の著作物として、法人名義で公表したものであることを明確にするために質問にあるような表示を行なっているのだと考えられます。　　　　（参照：著作権法第2条1項十号、第15条、第16条、第93条1項）

Column

　「製作」と「制作」は先にも述べたように著作権法上意味が使い分けられています。ではなぜ同じ法人著作を明らかにしたいタイトル表示に異なった表示が現れるのでしょうか。

　俗説かもしれませんが、テレビの初期には放送事業者は「製作」というと何か物を製造するというニュアンスを感じられるので、知的な創造であると感じられる「制作」の字を用いていたともいわれています。

　またこの質問に関連して、映画のタイトル表示には当事者以外にはよくわからないことがあります。新聞の映画広告に次のような表示を見たことがあります。

　　製　　作　「〇〇〇〇」製作委員会（〇〇〇〇は映画題名）
　　制作配給　〇〇株式会社

といった表示です。製作委員会が映画製作者であることは、理解可能ですが、「制作配給　〇〇会社」というのはこの映画に関し、どういう役割を担っていたのかは判然としません。

　タイトル表示一般に関し、もう一段関心を持つべきだと思いますが、いかがでしょうか。

（二瓶）

「映画の著作権の保護期間」

Q29 旧法と現行法の保護期間はどう違うのか

黒澤明監督が昭和20年代に撮った『羅生門』『静かなる決闘』など、この年代の映画は、現在、映画の保護期間が公表後70年に延長されても、それ以前に保護期間が終わっていると思うのですが、正しいですか。

A 昭和20年代といえば、当時改正前の著作権法（旧法）によって著作権の保護期間は、著作者の生存間及びその死後30年間と定められていました。この期間は法律の改正の経過の中で、暫定的に38年となっていました。旧著作権法が改正され、現行の著作権法（新法）が施行（昭和46年〈1971年〉1月1日）されたときに、映画の著作物の保護期間は「その著作物の公表後50年（中略）を経過するまで存続する」ということになりました。

また新法の附則によって、旧法による映画の著作物の著作権が消滅していない著作物にこの規定が適用されること、また旧法の規定により「著作物の保護期間が、新法による保護期間より長いときは旧法による保護期間による」ものとされました。また平成15年（2003年）の改正時にも、同趣旨の規定がおかれました。

そこで、質問の『羅生門』『静かなる決闘』の映画の著作者は誰かということになります。旧法では、映画の著作者が映画の著作権者であることとなっていたからです（Q20参照）。映画の著作者が黒澤監督であったとしますと、黒澤監督の死後38年間、これらの著作権は旧法によって保護され、更に新法の附則及び15年改正の際の附則によっても同様の保護が与えられますので、黒澤監督が没した平成10年（1998年）の翌年の平成11年から起算して平成48（2036年）年12月31日まで存続することになります。

参考判例では、この黒澤監督が著作者として有する著作権を、当時の製

作会社が承継取得しているものと認定されています。

　以上は実際の裁判例の結論部分を要約したもので、詳しくは下記判例を参考にしてください。

　この事件は当該映画の現著作権者を主張する会社が、無許諾で当該映画のDVDを国外で複製し輸入して、国内で頒布することの差し止めを求め、原告会社の主張が認められたものです。被告は、当該映画は会社が著作者であって、会社の名義で公表されたものであるから、旧法によりその著作権の存続期間は公表のときから33年で、新法の規定により公表後50年に延長はされたが、それによっても公表された昭和24年（1949年）の翌年の1月1日から起算して50年後の平成12年（2000年）12月31日、ないし当該映画の後者公表時である昭和25年（1950年）の翌年から起算して、平成12年12月31日に保護の存続期間は満了し消滅したと主張していましたが、認められませんでした。

（参照：著作権法附則第2条1項、第7条、附則〈平成15年法律第85号〉第2条、第3条）

参考判例
●「黒澤作品のDVD化事件」
原　審　東京地裁平成19年9月14日判決　請求認容
控訴審　知財高裁平成20年7月30日判決　控訴棄却
上告審　最高裁(一小)平成21年10月8日決定　上告棄却

Column

　旧法と現行法の保護期間に関する問題は「黒沢作品」の他に「チャップリン作品」でも争われたことがあります。

　チャップリンの映画はすべて1970年（昭和45年）以前に公表されていますので、旧法の規定が適用されます。

・『黄金狂時代』（1925年公表）
・『街の灯』（1931年公表）
・『モダン・タイムス』（1936年公表）
・『独裁者』（1940年公表）

・『殺人狂時代』(1947年公表)
・『ライムライト』(1952年公表)

　仮にこれらの映画の著作者が映画を製作した団体（プロダクション）だとすると、『黄金狂時代』は旧法6条が適用され、公表後33年の1958年（昭和33年）末に著作権消滅。『ライムライト』は現行法附則によって公表後50年の2002年（平成14年）末に著作権が消滅したことになります。

　次に著作者がチャップリン個人だと仮定します。チャップリンが死亡したのは1977年（昭和52年）12月25日です。その翌年の1月1日から計算すると、38年後の2015年（平成27年）12月31日までチャップリンの映画の著作権は存続することになります（旧法3条）。

　そこでチャップリンの映画の著作者は誰かという問題になるのですが、最高裁まで争われた結果、チャップリン映画の著作者はチャップリン個人である。よって著作権は少なくとも2015年（平成27年）末まで存続するというものでした（ただし、公表年の新しい『殺人狂時代』や『ライムライト』は、2003年（平成15年）の著作権法改正によって『殺人狂時代』は2017年（平成29年）末まで、『ライムライト』は2022年（平成34年）末まで少なくとも著作権が存続すると判示されました）。

　最高裁判決では、「著作者が自然人である著作物の旧法による著作権の存続期間については、当該自然人が著作者である旨がその実名をもって表示され、当該著作物が公表された場合には、それにより当該著作者の死亡時点を把握することができる以上、仮に団体の著作名義の表示があったとしても、旧法6条ではなく旧法3条が適用され」るとしています。

　ただ、この一連の裁判の判決文を詳しく読むと、あることに気づきます。保護期間に「連合国及び連合国民の著作権の特例に関する法律」（昭和27年8月8日）による戦時加算日数が反映されていないのです。

　この法律は、敗戦国である日本に課せられた賠償条項の一つで、そのもとになったのはサンフランシスコ平和条約です。細かい説明は省きますが、1921年（大正10年）以前に死亡した著者の著作物を除き1952年（昭和27年）4月27日までに発行された旧連合国民の著作物の保護期間には、戦時期間を加算し延長しなくてはならないのです。

　チャップリンはイギリス出身です。当時、イギリス国籍だったにせよアメ

力国籍だったにせよ、旧連合国民だったはずです。そうであれば 1952 年までに公表された作品には死後 38 年＋戦時加算日数で、作品にもよりますが約 10 年余は保護期間が延長されるはずです（『ライムライト』は 1952 年 10 月 23 日公表なので適用外です）。

　原審である東京地裁は、戦時加算について「原告は（中略）戦時加算特例法により、それぞれ所定の戦時加算日数を加算した期間継続する旨主張するが、同法が適用されるための要件（昭和 16 年 12 月 7 日に連合国又は連合国民が著作権を有していたか（同法 4 条 1 項）、同月 8 日から日本国と当該連合国との間に日本国との平和条約が効力を生ずる日の前日までの期間において、連合国又は連合国民が著作権を取得したか（同条 2 項））についての主張、立証はなく、原告の上記主張を採用することはできない」とし、また控訴審である知財高裁は「日本国との平和条約 15 条（c）及びそれに基づく連合国及び連合国民の著作権の特例に関する法律による戦時加算日数を考慮するまでもなく、（中略）著作権の存続期間が満了していない」としています（下線部は筆者挿入）。

　つまり地裁は、チャップリンが旧連合国民として著作権を取得したことを原告側が「主張、立証していない」ので戦時加算を認めないとし、高裁は、判決時点で著作権が消滅していないのだから「考慮」しなくても良いとしているように読めます。

　いずれにせよ、少なくとも 2015 年末まで、大部分のチャップリン映画の著作権は存続すると判示されました。今後、戦時加算の問題も含め、旧法時代の映画の著作物は、著作者が団体か個人かによって保護期間が異なり、また同じ著作者の作品でも公表年によって保護期間が異なりますので注意が必要です。

（参照：旧著作権法 3 条、同 6 条）

（宮田）

参考判例

● 「チャップリン映画の格安ＤＶＤ事件」
原　審　東京地裁平成 19 年 8 月 29 日判決　請求一部認容、一部棄却
控訴審　知財高裁平成 20 年 2 月 28 日判決　控訴棄却
上告審　最高裁(一小)平成 21 年 10 月 8 日判決　上告棄却

Q30 映画の保護期間の「53年問題」とは何か

映画の保護期間の「53年問題」とは何ですか。

A 「53年」とは1953年の謂いであり、著作権法は平成15年（2003年）改正前には、映画の著作物の著作権の保護期間は公表後50年とされていました。これで見ますと、昭和28年（1953年）に公表された映画の著作物は、翌年の54年から起算して50年経過した平成15年（2003年）12月31日に保護期間の満了により著作権は消滅することになります。ところで平成15年の改正により、映画の著作物の保護期間は公表後70年とされ、改正法は平成16年（2004年）の1月1日より施行されることになりました。

ここで起こった問題は、この改正により、昭和28年（1953年）に公表された映画の著作権の保護期間が70年に延長されるかどうかということです。図らずもこの問題が提起されたのは、当時著作権が消滅したとして国内で映画のDVDを廉価で販売していた業者（債務者。債務者の販売していたDVDの中にはあの有名な1953年公表の映画『ローマの休日』もありました）に対し、当該映画の著作権者であるパラマウント・ピクチュアーズ・コーポレーション（債権者）がその販売、頒布の差し止めを求めた仮処分申請を東京地裁に申し立てたことにあります。

裁判所は当該映画の本件仮処分にかかる準拠法は、ベルヌ条約により保護を要求されるわが国の法律である。また当該映画の著作物はわが国において保護を受ける著作物であるとした上で、改正前の法律では「映画の著作物の著作権は、公表後50年を経過するまで存続するから、年による暦法計算をして（民法143条1項）、50年目にあたる平成15年が経過するまで存続することになる。期間はその末日の終了をもって満了する（同法141条）から、改正前の著作権法の下では本件映画の著作権は、平成15年の末日である同年12月31日の終了をもって、存続期間の満了により消滅

する」としました。

　改正法の附則により、改正法は平成16年（2004年）1月1日に施行されること、同2条に定める「この法律の施行の際」とは、附則第1条の平成16年1月1日を指すものである、そして附則第2条の規定はこの法律の施行期日である平成16年1月1日において、現に改正前の著作権法による著作権が存する映画の著作物か、又は現に改正前の著作権法による著作権が消滅している映画の著作物かによって適用を分ける趣旨のものと解されるとし、上記の判断を示しています。

　債権者の本件映画の著作権が平成15年12月31日午後12時までであって、平成16年1月1日午前零時と同時であるから、本件改正法施行の際、現に改正前の法律に従って著作権は存している、文化庁官房著作権課も同様の見解を示している、との主張に対しては、映画の著作物の存否を問題にするにあたって、一瞬の時間をとらえるべきであるとする文理上の手がかりはない。改正法が16年の1月1日午前零時から施行されるとしても、「施行の際」との文言によって施行の一瞬を切り取るべきではない。また、このことの疎明資料として提出された各種の文献についても、文化庁又はその関係者の見解を述べたものに過ぎない、と退けました。

　なお、映画の著作物の著作権の存続期間について、Q29のような、旧著作権法による期間計算による著作物の保護期間については、この件とは別です。

　類似の裁判は映画『シェーン』についてもあり、上告が棄却され裁判は確定しています。（参照：著作権法第54条、附則〈平成15年法律第85号〉第1条、第2条、第3条）

> **参考判例**
>
> ●「『ローマの休日』ほか '53年作品の保護期間事件」
> 東京地裁平成18年7月11日決定　申立却下
> 知財高裁平成18年7月21日　即時抗告
> 知財高裁平成18年10月10日　申請取下
>
> ●「『シェーン』格安DVD事件」
> 原　審　東京地裁平成18年10月6日判決　請求棄却
> 控訴審　知財高裁平成19年3月29日判決　控訴棄却
> 上告審　最高裁（三小）平成19年12月18日判決　上告棄却

Ⅲ　映画の著作権の基本のQ&A

Q31 映画の保護期間が終了後の原作や脚本の権利は

映画の著作物の保護期間が終了した場合、その映画を利用するのに原作者や脚本家の許可が必要ですか。

A 映画の著作物が保護期間の満了により終了した場合、その映画を利用することは原著作物である小説や脚本を利用することになりますが、この場合、原著作者のこの映画の利用に関する著作権は消滅したものとされます（著作権法第54条2項）。

そうでないと、映画の著作権が終了しているにもかかわらず、映画の利用の度ごとに、原作者や脚本家の了解を求めなくてはならないという不都合を生じるからです。

ただし映画の利用を離れて、脚本を複製したり、翻案利用したりすることは、それらの著作物の保護期間が存続している限りは別です。また、映画の著作物に複製されている著作物、例えば音楽の利用は別になります。

（参照：著作権法第54条2項）

Column

映画の保護期間が満了後、パブリックドメイン（公有）になるのは公表時のオリジナル版のみです。例えばアメリカ映画の場合、自由に利用できるのは英語版のみで、日本で劇場公開された際（もしくはビデオ化・DVD化の際）につけられた日本語の字幕や吹き替えのセリフなど、オリジナル版を翻訳したいわゆる「日本語版」の権利は、その映画の翻訳者か日本語版の製作者に帰属します。

翻訳物は著作権法で定める二次的著作物です。二次的著作物たる日本語版の権利が消滅していない限り、利用にあたっては新たに翻訳をして、字幕や吹き替え音声をつけ変えるか、日本語版の権利者の許諾をとらなければなりません。

映画の翻訳には秒数や文字数の制限があり、また使用できる漢字にも制限があります。適切な言葉に訳し表現する映画翻訳者の技術はまさに職人技です。

映画の保護期間が終了したからといって、安易に既存の日本語版を丸写しにして利用することは許されません。

(宮田)

参考判例

●「アニメ映画『三人の騎士』日本語版事件」
原　審　東京地裁平成 27 年 3 月 16 日判決　請求一部認容、一部棄却

●「アニメ映画『三人の騎士』日本語版事件 B」
原　審　東京地裁平成 27 年 3 月 24 日判決　請求一部認容、一部棄却

「映画の著作者人格権」

Q32 著作者人格権不行使の契約では改変に異議申し立てはできないのか

テレビドラマの演出を担当するに当たって、契約条項に著作者人格権を行使しないという趣旨の条項がありました。この契約にサインしてしまうと、その演出の成果について改変があった場合など、異議の申し立てができなくなるのでしょうか。

A この問題は、いわゆる「著作者人格権の不行使特約」と呼ばれるものです。この条項は、著作者人格権は譲渡や放棄することができない個々の人格に属するもので、このような契約は無効であるという説がある一方で、現代の著作物の商品的流通を円滑ならしめる社会的要請から、必ずしもこの契約条項は無効ではないとする説もあります。

例を著作者人格権の同一性保持権にとって考えますと、著作権法はその第20条で「著作者は、その著作物及びその題号の同一性を保持する権利を有し、その意に反してこれらの変更、切除その他の改変を受けないものとする」と定め、いくつかの具体的な例外を設けてはいますが、著作者は「その意に反して」と定めているところから、俗にいえば著作者が気に入らないといえば、いかなる変更も著作物に加え、あるいは省略することができないということになってしまうわけで、これは著作物の利用者にとっては厳しい条件に違いありません。ただ、その2項四号においてその例外を認めています。

前記の「著作者人格権の不行使特約」も無効であるとか有効であるとかの二者択一ではなく、「意に反した改変になるかもしれないが、著作物の性質並びにその利用の目的及び態様に照らしやむを得ないと認められる改変」と客観的に判断可能な場合においては「人格権に基づく異議を申し立てないという」限度で、その有効性を認めてはどうかと考えます。

(参照：著作権法第20条1項、第20条2項四号)

Q33 映画化の改変はどこまで許されるのか

ある映画を見て、その原作に興味を惹かれて読んでみたところ、原作と映画では、かなりストーリーや人物の設定などが違い、ちょっと違和感を持ちました。
このようなことはあるものですか。映画化にはそのようなことが許されるのでしょうか。

A ある小説や戯曲が映画化されることはよくあることです。この場合、映画と原作のストーリーの経過や人物の設定が変わることはまったくないことではありません。

小説が映画化される場合は、その小説がまず映画の撮影に使用される脚本に翻案され、それが映画製作作業に用いられるわけです。この場合に撮影の都合上、例えば製作費予算の都合、出演俳優の都合、あるいは監督や脚本家の考えで、原作通り撮影ができないというようなことは間々あることです。これらの変更が多分に技術的な理由で小説の本質的な部分に及ばない場合は、小説表現が映画という異なった表現に翻案される以上、やむを得ない変更である場合が多いと考えられます。

しかし映画化に際し、質問にあるようなストーリーの展開やテーマについてはどうでしょうか。テーマ、物語の展開のような筋の運び、人物設定の付与や切除のような、その著作物の本質にかかる変更は著作者、この場合小説の作者の著作者人格権である同一性保持権を侵すことにはならないのでしょうか。

映画化のように著作物の翻案が許された場合でも、著作物の本質に関わるような変更は同一性保持権の問題となりうるものとして、著作者の同意が必要であると説かれています（加戸守行著『著作権法逐条講義・五訂新版』より）。

映画化に関して、この種の改変については問題を生じたことが過去にあ

ります。多少古いことですが、石川達三の『僕たちの失敗』の映画化に際し、著者と映画会社の間に紛争を生じ、これを契機に日本文藝家協会と映画界の団体である日本映画製作者連盟間で話し合いがもたれ、両者間で覚書が交わされたことがありました。覚書によりますと、映画化の許諾を得た映画会社は事前に必ずシナリオを著者に提示すること、著者から要求があった場合は、プロデューサー、脚本家、監督などと脚色についての打ち合わせ会を開くこと、などが申し合わされています。現行法施行以前のことでありましたが、いわば現行法の著作者の同一性保持権を映画化という著作物の翻案使用についてあくまでも尊重するとの意思表示ともいうべきものでありましょう。

著作物の同一性保持の問題は、あくまで著作者の人格権の問題で、同一性保持権を定めた条文が示すように、著作者は「その意に反して」著作物や題号の変更、切除その他の改変を受けないものとする、としているように改変があったからといって、当事者間で問題とされていないものを、第三者がこれを直ちに侵害行為であるとすることはできません。

しかし、著作者人格権が一身専属の人格権を超えるものとして、著作物の社会的評価の担保機能があること、即ち著作者の死後においても著作者人格権を認めようとする現行制度の意義は、公衆の文化的利益の保護に求められるとすると（半田正夫、松田政行編著『著作権法コンメンタール』20条条文解説より）、質問にあるような改変が許されるものなのかについて考えてみる必要があると思います。

（参照：著作権法第20条1項）

Column

映画化の改変に関しては判例があります。

直木賞作家・辻村深月の小説『ゼロ、ハチ、ゼロ、ナナ。』をNHKが連続ドラマ化する際、シナリオ段階で原作には存在しないシーンが追加されていたため、辻村側が再三にわたりその変更を求めたがNHKは応じず。これを受けて辻村側がドラマ化の白紙撤回を通知し、NHKがドラマ化を中止した、という事例です。

この裁判で問題となったのは、NHKと辻村側で取り交わす予定だった映像化許諾契約書に、辻村側が提案した「脚本確認条項」（プロット・シナリオ段階で、辻村側の確認・承認なしに製作を開始できないとする条項）にNHKが難色を示し、契約が締結されないまま撮影準備が進められたことです。

　原作者とすれば、どのように映像化されるのか、期待もあるが不安もあります。「脚本確認条項」は著書を使われる立場の原作者にとって欠かせない条項ですが、一方、映像製作者側にとってはやっかいで面倒な条項です。映像化にはやむを得ない改変がつきもので、判決文によるとNHKはこの条項を"検閲"に等しいとしています。

　"検閲"であるかどうかは別にして、NHKはこの「脚本確認条項」が"編集権の自立に対する介入"であると判断。辻村側の意向を汲まないままシナリオを書き進め、そのことで両者の信頼関係は崩壊。辻村側がドラマ化の白紙撤回を通知し、クランクイン直前に製作が中止になったのです。

　この訴訟は、NHKが辻村側に対し、ドラマ化の中止に伴う損害賠償を請求したもので、判決理由について細かい説明は省きますが、裁判所は、たとえ両者の間でこれまで文書によらない映像化許諾契約をする慣行があったにせよ、契約の成立時期は原作者のシナリオ承認時であったのであり、ドラマ化に向けた作業を進めてよい旨告げられたとしても、それはシナリオなどの準備を進めても構わないという意味で、シナリオの承認が得られる状況でなかったことからいって映像化許諾契約は成立していない。また、辻村側のシナリオに対する注文について、その伝え方に不適切な面があったことは認めながらも、合理性に欠ける些細な点にこだわる同一性保持権の濫用ではなく、シーンの追加により、創作の根幹である「母娘の関係」というテーマが歪められるという原作者の危惧は、意に反した改変を受けないとする同一性保持権の合理的事由であるとして、ドラマ化の中止によりNHKが被った損害賠償を認めませんでした。

　映像化に際し、エピソードが前後することや追加・削除されること、結末が微妙に異なることなど、原作とストーリー展開や表現が異なってしまうことは、回答文にもあるようにやむを得ないこととされ、映像業界では当たり前とされています。このことに加え、一部の製作者には「原作として使ってやってるんだから文句ないだろう。本の宣伝にもなるし」といった考え方が少なからずあ

> ることも、この問題と無縁ではないと思います。
> 　確かに映像化されれば、原作者は少なくない額の原作使用料を得られますし、本の増刷も見込まれます。しかし原作者の意に反し、映像製作者が勝手に改変していいものなのかという疑問は残ったままです。いずれにしても書籍を映像化した映画の著作物は、その書籍の二次的著作物です。特に文芸作品の映像化にあたっては、原作者の創作意図をよく理解して、それに反しないようきちんとコミュニケーションをとって進める必要があるのではないでしょうか。
>
> （宮田）

参考判例
●「『ゼロ、ハチ、ゼロ、ナナ。』ドラマ化事件」
原　審　東京地裁平成27年4月28日判決　請求棄却（控訴・和解）

Q34 「原作」としながら関係ないストーリー展開は許されるのか

> 映画のタイトルに「原作」とありましたが、原作者のそのタイトルの著作物には同じストーリーが見当たりません。どうして「原作」と記されるのでしょうか。

A　質問については次のような場合が考えられます。特にシリーズ物によくある例ですが、第一作については当該原作者に同じタイトルとストーリーを持った著作があり、第一作が好評であったために続編を作りたい、と考えることはありうることです。筆者の経験であるひとつの実例をあげてみましょう。

　ある侠客の子分であって、常人も及ばない鋭い感覚を持ち、居合術にすぐれた座頭があざやかに剣をふるい悪を懲らすというストーリーと、主演の勝新太郎が原作の主人公のキャラクターにマッチして好評を得た「座頭市」のシリーズがあります。当時の映画会社大映ではシリーズとして26

作品が作られています。主演の勝新太郎の没後もキャラクターの「座頭市」は独立したキャラクターとして生き続け、その後製作者は代わってもなお製作され続けました。大映の作品の第 1 作である『座頭市物語』は、中央公論社版の『ふところ手帖』という子母澤寛の著作の中にある同名の著作を原作としています。同作はわずか新書版 10 数頁の小品です。この作品の映画化権の取得にはちょっとしたエピソードがあるのですが、それはおくとして、以後の作品は主人公のキャラクターを除いては、すべて創作による脚本がもとになっています。たしかに第 2 作以降のストーリーは子母澤寛の原作とは関わりがありません。しかし会社は同氏と原作使用契約の名目で契約を結んでいます。理論的に考えますと原作を使用していないのですから、原作契約をするいわれはなく、原作として名前を表示するのもおかしいのですが、会社としては同氏との関係を考え、またヒット作のもととなった同氏の貢献に敬意を表し、同シリーズにはすべて「原作　子母澤寛」のタイトルが記されました。最近作にもそのように表示されているようです。ここで問題は Q33 の質問と関連があるのですが、映画の原作使用と脚色の関係、あるいは原作の脚色の限界については過去、文芸家と映画テレビ関係者の間で協議が行なわれたこともあります。もちろんこの問題は、個々に解決される問題ではありましたが、一般的な原則を確認すること、実行上の結論は出しえたようで、その結果は Q33 でご紹介した原作使用契約上のさまざまの申し合わせ事項となったようです。

　わが国の場合は、原作の使用の形態はさまざまであっても、表示に関しては比較的単純のようです。質問にあるように単に「原作」とするか、原作名を表示し「原作名○○より」とする、又は「原案」「構成」等が用いられているようですが、もう少し的確な表示をすることができれば、Q33 やこの質問にあるような誤解は生じないのではないかと思われます。アメリカやフランスなどでは、きめ細かく種々の表示がなされています。具体的な例については Q62 をご参照ください。

> Column
>
> 当時は時代劇がしきりに製作されていました。会社がこの一作のみならず子母澤寛の原作を借りた作品があり、また子母澤寛の原作を映画化する予定もありました。子母澤寛の作による特殊なキャラクターの使用について何らかの対価を支払わなくてはならないと考えたのかもしれません。 　　　　（二瓶）

Q35 公開されない映画に監督の公表権は働かないのか

私はあるドラマの演出を監督として担当しましたが、製作者の判断で公開がされていません。著作者に公表権があると聞きましたが、この権利を行使して公開してもらうことはできますか。

A 　一般的に、公表権とは著作者人格権のひとつで、著作者が自己の著作物を公表するかあるいはしないかを決定する、公表することを決定するにしても、いつ公表するか、どのような方法で公表するかを決定することができる権利と説明されています。ただここで注意すべきは、「第三者に対して自分の未公開の著作物を公表するように積極的に請求しうる権利ではない」（加戸守行著『著作権法逐条講義・五訂新版』より）とされていることです。

同書によれば、「公表権は積極的な権利ではなく、積極的な行為を禁ずる消極的な権利とでも概念すべきものでしょう」と解説されています。

更に公表権を定めた著作権法第18条2項には、公表を同意したものとみなされる場合が列挙され、その三号には映画の著作物の著作権が第29条により映画製作者に帰属することとなった場合、著作者は映画製作者がその有する著作権の行使により映画を公に上映することには同意したものとみなされています。

映画製作者はその著作権の不作為的な行使として、上映しないことも自

由ですから、前記の公表権の消極的な権利の性格からいって、積極的に公開を迫るということは難しくなります。

このような法律上の現実を踏まえて、現在そのような事実が存在するかどうかは詳らかにしませんが、かつてはまれにではありますが、いわゆる「お蔵」と称して完成映画を公開しない場合がありました。

どのような事件がきっかけであったかは記憶にありませんが、映画製作者の団体と、監督の所属する団体の契約交渉時に、このような場合の処置について話し合われたことがありました。交渉の結果生まれた契約フォームに付属する申し合わせの中に、映画製作者が「完成後6か月を経過しても封切りしない場合、申し出があれば試写会の開催について特別の支障がない限りこれに応ずる」としています。ここでいう「試写会」の規模、性格等は明らかにされてはいませんが、公衆に上映の方法で提示されれば、その著作物である映画が公表されたことになり、また公衆には「特定かつ多数の者を含む」（著作権法第2条5項）とされていますから、その性格にもよりますが、これらの条件を満たした試写会などを行なえば、法的にはこの映画著作物は「公表」されたことになるでしょう。多方面の評価を得るためにこのような方法をとることを製作者と話し合うことも、一方法ではないでしょうか。

（参照：著作権法第2条5項、第18条2項、第29条）

Column

余談ですが、田中純一郎『日本映画発達史』によれば、公表しなかった例ではありませんが、いったん公開されたものの、数日で映画製作者の判断で上映を中止したこともありました。興行の不振で上映作品が差し替えられることは間々ありましたが、ここにあげた例は作品のイデオロギーが問題となった例です。昭和35年（1960年）に、その頃台頭した「松竹ヌーベルバーグ」の旗手であった大島渚監督の『日本の夜と霧』はその例でありました。うっかりすると公表をしない例として残ったかもしれません。

（二瓶）

Q36 リメイク権という権利はあるのか

リメイク権という権利があるのですか。

おそらく質問は、ある映画が評判となり、その再映画化が行なわれる場合に関することのように思われます。

ある映画が評判になり、あるいは評価の定まった著作（映画の原作となるような小説など）が再映画化される例はよくあります。例えば川端康成の『伊豆の踊子』は、何度となくその時代のスター女優を主役として映画化されています。この場合、もとの映画と再映画化される映画の関係をどう見るかで考え方が変わってくると思います。映画は通常の場合、脚本等を翻案した二次的著作物になります。この場合、再映画化される映画を、もとの映画そのものを原著作物とした二次的著作物と見るか、もとの映画の原著作物（脚本）を再び使用したその原著作物の二次的著作物としてみるかの見方で差異を生じると思われますが、筆者としては、再映画化は先行する映画の原著作物の二次的著作物と見たいと思います。

映画の原著作物となる脚本に例をとりますと、わが国では脚本家と映画化の契約を締結する場合、映画製作者が脚本の映画化権を取得するといっても、その内容は脚本等映画の原著作物の映画化権の譲渡を受けるのではなく、契約上一定の条件で映画化の許諾を受けるのが通常です。従って翻案権は依然著作者である脚本家らに留保されており、もし仮にその脚本家が更に二重にほかの製作者に映画化を許諾したとしても、それは前者との契約に違反となるかもしれませんが、その映画化の許諾は有効に成立することになります。

このような事態を避けるため、わが国の脚本家団体である日本シナリオ作家協会と映画製作者の団体で了解に達している契約フォームでは、契約による映画化の期間は2年間であって、その期間を経過しても映画化されない場合は映画化の許諾は効力を失うこと、また映画化された映画の公表

後2ないし3年間は第三者にその脚本の映画化を許諾しない、という条件が付されています。従って事実上映画化の許諾は、ほぼ5年間映画製作者が保有できることになっています。わが国においては、おおむねそれが映画化許諾の慣行になっていると考えます。これは脚本のみならず、原作といわれる小説、戯曲の映画化についてもほぼ同様です。再映画化に際しては、先行する映画が脚本や原作にない翻案部分を映画が有しているか、先行する映画の複製と見られるような部分を有しない限り、それをリメイク権と呼ぶかどうかは別として、前作の原著作物である脚本、原作の使用契約が成立すればそれで足りると考えますし、わが国の映画製作者間で再映画について相互に了解を求めたという事実を聞いたことはありません。

　ただこれが国内ではなく、国外の映画製作者との関係では事情を異にすることがありそうです。アメリカ映画『荒野の七人』は黒澤明の『七人の侍』の翻案であることはよく知られたところです。『荒野の七人』の製作についてはアメリカの製作者はわが国の『七人の侍』の映画製作者に対し了解を求めた上で当該映画の製作を行なったのですが、後に至って『七人の侍』の脚本の著作者が、脚本の著作権は我々のもので、『七人の侍』の翻案を許諾した映画製作者は翻案を許諾する権限を有しない、脚本の著作権は我々にあるとの確認を求めた事件があります（「『七人の侍』脚本著作権確認事件」）。

　裁判所は前記のわが国の映画製作者と脚本家との契約慣行から見て、『七人の侍』の映画化の許諾は一定の条件の映画化の許諾であり、著作権（映画化権）は脚本家にあると認定しました。

　アメリカ映画の製作事情として、映画の脚本はいわゆるアメリカ法でいう「雇用主のための著作」として著作権が製作者に帰属しているのが通常であるところから、アメリカの映画製作者がわが国の映画製作者に接触してきたと考えられます。リメイク権というような語は、このような映画製作者間の再映画化の交渉についての語かとも思われます。

> 参考判例

●「『七人の侍』脚本著作権確認事件」
東京地裁昭和 53 年 2 月 27 日判決　請求認容

Column

　上記の事件は、事情を多少承知している筆者としては、互いの製作事情の相違と当時の関係者の著作権意識の齟齬がもたらしたものであるとの感想を持っています。

　事実、原告らは、『荒野の七人』の製作者と被告を通して接触があり、当時『七人の侍』が翻案映画化されることを喜び、記念品を贈呈したりして、このことに何ら異議を差し挟まなかったことがあるからです。

(二瓶)

Column

　映画のリメイクそのものではありませんが、『七人の侍』に関して大河ドラマ『武蔵 MUSASHI』の事件があります。この中で裁判所が判決の中で次のようなことを述べています。

　「原告映画（著者注：『七人の侍』）と被告番組（同：大河ドラマ『武蔵 MUSASHI』）はともに映画の著作物であるところから（中略）、映像として表現されている各場面のカメラワーク、カット割り、音声等の画像特有の点をも対比するのが相当であるところ（中略）、本件において原告らの主張する各類似点について被告番組と対比を行なう上においては、特に特定の場面の画像についてその映像上の技法・特徴を付加して対比を行なうまでの必要は見受けられない。」としています。

　このような裁判所の考えから見ますと、映画のリメイクの際も前作に対比して、映像上の特徴等についてはやはり独自な表現を要するのではないかとも考えられます。そうでないと、前作の映画著作物の翻案ないし複製と判断される場面もないとはいえないからです。

(二瓶)

> 参考判例

● 「大河ドラマ『武蔵 MUSASHI』事件」

原　審　東京地裁平成 16 年 12 月 24 日判決　請求棄却
控訴審　知財高裁平成 17 年 6 月 14 日判決　控訴棄却
上告審　最高裁(三小)平成 17 年 10 月 18 日決定　上告棄却

「著作隣接権」

Q37 俳優は映画の著作者ではないのか

俳優は映画の著作者ではないのですか。

A 「一に狂言（ストーリー、脚本）、二に役者（主演俳優）」という映画製作を成功させる要素についての映画界の俗諺をQ22で披露しましたが、著作権法から見た映画における俳優の地位はどうなるのでしょうか。

俳優の演技は映画の著作物の中では俗諺の示す通り重要なものであり、「映画の著作物の全体的形成に創作的に寄与した者」（著作権法第16条）という著作者の定義にあてはまるとも考えられますが、一般に俳優は著作者という立場からは除外され、現行法により創設された著作隣接権により、実演家として保護されることになっています。

もっとも、実演家に認められる権利は映画の著作物に出演した俳優の場合、きわめて限定的となります（Q38参照）。

もちろん、俳優自身が監督を兼ねたり、有名俳優が自己の名前でプロダクションを作り、自ら映画製作を行なったりする例を見ることがあるでしょうが、この場合は、俳優という立場と映画の著作者のみならず、映画製作者という立場を併せ持つことになることはいうまでもありません。

（参照：著作権法第16条）

Q38 ワンチャンス主義とは

テレビ放映用に製作するドラマ（放送事業者以外のプロダクションが製作するもので、テレビ映画と呼ばれる）について、ワンチャンス主義は適用できますか。

A 質問の趣旨はテレビ放送用映画に出演した実演家（俳優等）に対して、当該映画が本来の使用目的である放送終了後、多方面、例えば、DVDに複製され販売されても映画出演を承諾した以上は報酬、あるいは実演に対する対価を支払わなくてよいかという意味であろうと思われます。

「ワンチャンス主義」とはよく聞く言葉ですが、元来、現行著作権法の制定当時の立法関係者が便宜的に使用した言葉といわれています（著作権情報センター編著『新版著作権法事典』より）。

現行法によって著作隣接権として実演家の録音録画権が創設されましたが、法は映画に録音録画された実演家の実演に関しては、一回の録音録画の許諾によりその映画の増製、のみならずその映画の放送、有線放送、公衆送信等について実演家の権利が失われるということになりました（著作権法第91条2項）。従って、実演家は自己の利益を確保するためには、映画出演契約の締結（自己の実演の録音録画許諾）に際し、このことを認識することが求められるわけです。つまり出演契約という一回のチャンスしか自己の録音録画権を行使することができない、ということを指す語とされています。

この実演家の録音録画権が創設された当時、定着していた劇場映画の使用はある程度限定的で、これについては実演家もそれを知った上で録音録画の許諾をしている、と考えるのもそう無理ではなかったと思われます。一方、テレビ放送の許諾は、その実演の録音録画の許諾を含みませんから（著作権法第103条による63条の準用）、同じテレビに映る実演が映画か単

に放送の許諾によるかによって、その後の扱いが相違してくるわけです。文理解釈的に考えれば、テレビドラマといっても映画である以上はその後の使用については実演に対して何らの手当ては必要なさそうです。しかしテレビ放送用映画であると使用方法を限定して出演契約を締結するということは、実質的に実演の放送許諾と変わらないともいえそうです。出演契約における当事者間の意思の問題で、出演契約における具体的な報酬、対価の問題に帰するのだともいえるでしょう。

わが国も加入する1961年隣接権条約（ローマ条約）の解説書によれば、条約の19条「この条約のいずれの規定にもかかわらず、いったんその実演を映像の、または映像及び音の固定物に含めることに同意したときは第7条（実演家の録音録画権、放送、有線放送権を定める）の規定は適用しない」ということに関し、「ローマにおける交渉者たちは、疑いなく、過去60年間存在した映画のことだけを考えた。その後例えば、家庭内で上映されるために販売されるビデオのような新しい利用手段が開発された」とし、「19条の厳密な適用がこれらの近代的発展を考慮して、条約の精神に合致するかは疑わしい。国際機関は国内法が条約以上の保護を実演家に与えるべきである」と勧告しています（大山幸房訳『隣接権条約・レコード条約解説』1981年より）。これらの事情を顧みると実演家の権利保護といった観点からは、出演契約に際しては当事者間の意思表示の合致に欠けるところがないように留意すべきであると考えます。

（参照：著作権法第63条、第91条2項、第103条）

Q39 頒布権とはどのような権利か

頒布権とは映画の著作物に特有なものと説明されていますが、どのような権利ですか。また映画の頒布の実態はどのようなものですか。

A 映画の著作物の著作権者に特有な権利として、かつて頒布権と上映権がありましたが、平成11年（1999年）の法改正で、上映権は著作物の利用の実態に即してすべての著作物に認められることとなり、頒布権のみが映画に独特の権利となりました。

頒布権の内容は、頒布先、頒布場所、頒布期間を限定することができ、上記の改正時に一般の著作物に認められることとなった譲渡権と異なり、最初の譲渡にとどまることなく、映画の著作物の複製物であるプリントを最後までその行き先を指定することができる権利です（加戸守行著『著作権法逐条講義・五訂新版』ほか参照）。

映画の著作物にこの頒布権が認められている理由は次のように説明されています。

映画の著作物は劇場映画の場合、映画館等で上映されるときは映画の著作物の複製物であるプリントと呼ばれる物を映写機によりスクリーンに投影することによって公衆に提示されることになります。

映画の著作、特に劇場での上映を目的とした映画の製作は多額の投資を必要とするものであり、その映画の著作物が、実際には数の限られた複製物であるプリントに集約され市場に流通していくのですから、その著作権者がプリント一本一本をコントロールし、支配することができなくてはなりません。

現行法は、その制定当時の映画の「配給」というプリントの流通の実態を踏まえ、映画の著作者に頒布権を認めているわけです（映画の著作者に認められるといっても実際は映画の著作権は映画製作者に帰属することになる関係上、結果的には映画の製作者がこれを支配することになるのです）。

映画界の実状を少し過去、つまり現行著作権法の制定当時に遡ってみてみましょう。

この映画の著作物の複製物であるプリントに集約されている映画の著作物の価値を具体的に理解していただくために、映画界の実態をお示ししましょう。もっとも数字は若干古いものではありますが、仕組みを考える助けにはなろうかと思います。映画のいわゆる二次利用（テレビ放映、ビデオ化）から製作に関与した脚本家や監督等に対する、脚本使用料や報酬の問題がやかましくなった時期に開かれることになった文化庁の「映画の二次的利用に関する調査研究協議会」に提出された業界団体の数字によれば、当時、通常映画館で封切りされ、あるいはロードショーの形で公開される映画の製作に要する費用は、直接費は一作品平均で３億6000万円、プリント費、宣伝費、配給経費の合計が２億7800万円、総計６億3800万円が映画という商品の原価である、と説明されています（この数字は当時の製作事情を反映したものであり、現在の製作事情はこれと異なり、そのような数字をあげることは困難であることをお断りしておきます）。当時これらの映画でどのくらいのプリントが焼き増しされ、流通していったかといいますと、封切りのあるいはロードショーの規模にもよりますが、最大でも150本を超えることはないプリントが各映画館で上映されていくわけです。プリント一本の価値がどれだけのものかということ、そのプリントから映画製作者は収益をあげていくことがおわかりになると思います。同時にこれらを完全に支配する権能が映画の著作権者に必要であることが理解されることでしょう。これこそ頒布権が認められる所以であります。

配給会社（昔は映画製作者を兼ねている場合が大方でしたが）の興行者との間の上映契約では、プリントの第三者への譲渡、転貸の禁止、保管の第三者への委託は禁止され、上映期間が終了した場合、指定場所への転送、あるいは返却について指示に従うことが定められていました。

映画の著作物の頒布についての現況は、デジタル時代を背景に、プリントはその多くがハードディスクに代わり、更に進んで、プリントの輸送手段が映画そのものの上映場所への送信に取って代わられようとしています。このように、映画の頒布はプリントに代わるハードディスク化、多量に複

製物が生産される DVD による映画の複製、など種々の変貌と問題を孕んでいます。

　ベルヌ条約では、著作物の映画化を許諾したものは 14 条 1 項で映画を頒布することを許諾する権利を著作者に与えています。わが国もこれに従った法制を取っています。

（参照：著作権法第 2 条 1 項十九号、第 26 条）

Column

　過去において映画の頒布はどのようなものであるかについては見てきた通りですが、映画の配給収入が、大手映画会社の系統によって維持されていたころの話です。劇場映画の全盛期であっても、映画のプリント本数は意外に少数であったといいましたが、当時の映画の配給収入はそのプリントを映画会社の直営館、契約館（独立の興行者の経営する映画館で、配給会社と一定の期間その配給する映画を上映する契約を結んでいる映画館をいいます）に配給することによる収入であり、一本の映画が封切られると、その後約半年をかけ全国の系統館をめぐり、その配給収入をあげていたのが実態であり、封切館を頂点とした裾野の広がった形のいわばピラミッド型に全配給収入が形作られていました。

　ところで、この形態は現在、映画館数の減少、特に地方での映画館の減少により崩れているようです。映画の配給収入は逆ピラミッド形になり、封切時にほとんどの収入をあげる形になりました。そして映画の収入はテレビ放送や DVD 化によって補われることになったのです。

　デジタル時代を反映し、映画のプリントがデジタル化され、デジタル化されたハードディスクによる上映が行なわれていることや、配信される映画の上映など、劇場映画の頒布の実態は大きくその形を変えつつあります。 （二瓶）

Column

　プリントの数が意外に少ないと思われたのではないでしょうか。ひと時代前の古いことをお話ししますが、一作品の上映館の数に比してプリント数が限られているところから、一館でプリントを独占することができない場合も多く、地域的に近接した館同士、例えば東京でいえば上野と浅草といった地域で一本

のプリントの上映時間をずらして使うこともあり、これを「掛持ち」といい、一館でプリントを独占する場合を「にぎり」などと称していました。

　昔、掛持ちのプリント缶をドロップハンドルの自転車に載せ、ハンチングをかぶった粋なお兄さんが街中を疾走していた姿を知る人はもういなくなったかもしれません。
（二瓶）

Q40 ビデオゲーム（ゲームソフト）にも映画の頒布権の規定が適用されるのか

ビデオゲーム（ゲームソフト）も映画の著作物ということですが、これにも映画の頒布権の規定が適用されるのですか。

A　ゲームソフトの頒布権については裁判で争われたことがあります。中古のゲームソフト市場の拡大に伴い、売り上げが減少し、開発資金の回収ができなくなるなどとして、ソフトメーカーが中古販売業者に対して販売の差し止めを求めた裁判で、ゲームソフトに頒布権が適用されるか否かが争点となったのです。

　メーカー側は、ゲームソフトは「映画の著作物」であり、映画の著作物である以上、制作者が有する「頒布権」により、中古販売は著作権法違反であると主張しました。

　訴訟は東京地裁と大阪地裁で2件争われましたが、一審判決は分かれました。

　ゲームソフトは「映画の著作物」に当たらないから頒布権にもとづく差し止めはできないとするもの（「中古のゲームソフト販売事件（エニックス）」）、ゲームソフトは「映画の著作物」であり、映画の著作物である以上、頒布権にもとづく差し止めができるとするもの（「中古のゲームソフト販売事件（アクト）」）、とまったく正反対の判決が出たのです。

　それぞれの控訴審では、「ゲームソフトは映画の著作物ではあるが、そもそも映画の頒布権は劇場映画の配給制度を前提としたものであり、大量

に製造され流通するゲームソフトには及ばない」（「エニックス事件」）、「ゲームソフトは映画の著作物で頒布権もあるが、その頒布権は一回の販売で消尽する」（「アクト事件」）、と理由付けは異なるものの、メーカー側の主張をいずれも退けました。

　この二つの訴訟の上告審である最高裁は、ゲームソフトが映画の著作物であることを認めながら、「公衆への提示を前提として頒布されるものではないゲームソフトは、消費者が購入した時点で、頒布権のうち譲渡を規制する権利は消尽する」と判断し、メーカーの上告を棄却しました。

　このように、ゲームソフトだけでなく映画の著作物の頒布権は、今日の実態や多様化など、種々の面から検討を要する時期にきていると考えられます。

（参照：著作権法第2条1項十九号、第26条）

参考判例

●「中古のゲームソフト販売事件（エニックス）」
原　審　東京地裁平成11年5月27日判決　請求認容
控訴審　東京高裁平成13年3月27日判決　控訴棄却
上告審　最高裁（一小）平成14年4月25日判決　上告棄却

●「中古のゲームソフト販売事件（アクト）」
原　審　大阪地裁平成11年10月7日判決　請求認容
控訴審　大阪高裁平成13年3月29日判決　控訴棄却
上告審　最高裁（一小）平成14年4月25日判決　上告棄却

Ⅳ 映像製作と利用のための著作権Q&A

[著作物と著作権関連]

Q41 "新事実"は著作権法で保護されるのか

ある研究家が、歴史上の人物の事績について新たな発見をし、書籍で発表しました。その新事実を取り入れたテレビドラマを制作し放映したのですが、研究家から、無断で私の発見した"新事実"が使われているとクレームがつきました。"新事実"は著作権法で保護されるのでしょうか。

A 著作物として保護される対象は、事実あるいは新事実の発見などが保護の対象ではなく、著作者の個性によって思想や感情が表現された表現自体が保護の対象となることはいうまでもありません。しかし質問のようなトラブルが起こることがないわけではありません。

これは事実、筆者が直接質問を受けたことがあるのです。

必ずしも適切な事例ではないかもしれませんが、例えば「大河ドラマ『春の波濤』事件」があります。ドラマの内容は明治大正時代の女優、川上貞奴を扱ったものですが、この事件の原告は先行する自己の著作『女優貞奴』が当該ドラマの原作であると主張し、被告のNHKらは原告作品に関する翻案権を侵害している、と争いました。

裁判所は「ドラマはたしかに原告作品と基本的な筋が同一である箇所が存在するが、同一と見られる箇所はいずれも歴史上の事実であって原告の創作にかかるものとはいえない」から本件ドラマの内面形式の同一性を基礎づけるものではない、として原告の主張を退けています。

いずれにせよ、たとえ新たに発掘されたものであっても、その事実が保護の対象になったり、発見者に独占されたりするものでもないことは当然でありましょう。しかし当事者にとっては、その利用について、何がしかの敬意が払われてしかるべきである、と考えたとしても無理からぬところがあるのも事実でしょう。特にその事実をもとにしてストーリーが組み立てられたような場合を考えますと、発見者ないしは研究の発表者にとって、

思いは更なるものがあることは想像に難くありません。

　このような事実を受けて、平成5年（1993年）4月に日本文芸家協会は「歴史的事実・人物にもとづく文芸作品の映像化・放送についての要望」という一文を発表しています。映画製作者あるいは関係者は、著作権上の問題にはならないからといって、社会的貢献ともいうべき新事実の発見の利用について軽々しく考えるべきではないと思います。

（参照：著作権法第2条1項一号）

参考判例

●「大河ドラマ『春の波濤』事件」
原　　審　名古屋地裁平成6年7月29日判決　請求棄却
控訴審　名古屋高裁平成9年5月15日判決　控訴棄却
上告審　最高裁（一小）平成10年9月10日　上告棄却

●「江差追分ノンフィクション翻案事件」
原　　審　東京地裁平成8年9月30日判決　請求一部認容、一部棄却
控訴審　東京高裁平成11年3月10日判決　変更
上告審　最高裁（一小）平成13年6月28日判決　破棄自判（第一審取消、請求棄却）

　この裁判の原告（被控訴人、被上告人）は江差追分のルーツに関するノンフィクションの著者、被告放送局は江差追分のルーツを追い求めることをテーマにした放送番組を製作放送した。
　原告は、番組のナレーション部分が自己の著作のプロローグと類似しており、原告の翻案権等を侵害するとして、損害賠償を求めた。
　原審、控訴審では原告の主張を認めたが、上告審では、原審を破棄自判して、問題となった両者の表現はその順序に共通するものがあり、同一性があるものの、江差町の紹介としては一般的な知見に属し、その他の点について被上告人の特有なアイデアであるにしても、その認識自体は著作権法上保護すべき表現とはいえない、などとして翻案権等の侵害を認めなかった（『著作権判例百選　第4版』）。

Column

「歴史的事実・人物にもとづく文芸作品の映像化・放送についての要望」（平成5年4月5日）

社団法人日本文藝家協会

　概略は、

(1) 歴史的事実等にもとづく映像作品の制作、放送に関し文芸作品の創作的表現を利用しているにもかかわらず、歴史的事実等にもとづくものであるから文芸作品の著作者の許諾は必要ないとの誤解があるようだが、業界はそのような誤解を解くように要望する。

(2) 文芸作品等で表現された歴史的事実等の新解釈や新発見にもとづいているにもかかわらず、映像作品の制作、放送に際し依拠した文芸作品の出所を適切に表示していない場合がある。先行著作物の作者の努力と貢献に報いるため、適切な出所明示がなされるように要望する。

(3) 映像作品の制作に関し、文芸家から情報・資料の提供を受けながらその旨を放送の際に示さない、もしくは提供を受けた情報を提供者の意図を甚だしく損ねるような形で使用する事例がしばしば見受けられる。情報等の提供を受けた場合、正当な謝礼と適切な敬意と配慮を払うよう要望する。

というものです。 (二瓶)

Column

　新事実にせよ、よく知られている事実にせよ、映像作品を製作する際、書籍を「参考文献」として使用するケースは多々あると思います。

　例えばドキュメンタリー作品を製作する際、参考文献として数多くの書籍を"参考"にします。作品によっては、ある一冊の書籍を参考文献にして企画が立案され映像化されることも少なくありません。

　参考文献として使用する際、とりあえず出版社や著者に「使用します」もしくは「使用しました」等の連絡を入れ、放送日を伝えるか、完成した作品を一部贈呈する程度で、正式な許諾を取らないことが一般的です。そもそも"参考"にしただけなので、許諾の必要はありません。出版社や著者への連絡は、いってみれば形式的な挨拶のようなものです。

　ただ、本当に"参考"にしただけならいいのですが、明らかにその書籍に依拠して映像作品が作られている場合、参考文献を書いた著作者の複製権や翻案権、さらには人格権を侵害することになりかねません。

　このことは「引用」の問題に似ています。参考の範囲を超えて、参考文献の文章を丸写しにすることや要約して利用することは、その書籍の著作権が保護されている間は、侵害行為とされることがありますので注意が必要です。

　またドキュメンタリー製作の現場では、参考文献に掲載されている写真やイラストをインサートカットで利用することが間々ありますが、その写真やイラ

ストが著作権の保護期間内であれば、当然、許諾が必要になります。エンドクレジットで「参考文献：『〇〇〇〇』××××著（△△△△出版）」と出せば済む話ではないのです。

　「引用」として利用する方法もありますが、その際には引用の要件である「主従関係」「必然性最小限度」「明瞭区分性」を満たしていなければ「引用」ではなく「利用」です。

　書籍に掲載されている写真やイラストの著作権者は、写真であれば撮影者、イラストであればそのイラストを描いた人です。ただ、それらの著作権は第三者に譲渡されているケースも多く、そもそも書籍が発行された時点で、フォトエージェンシーから許諾を得て写真を掲載しているケースなどもあります。面倒でも出版社や著者に問い合わせるのが賢明です。もちろんそのことで使用料が発生することもありますが、それはいたしかたありません。　　　　　（宮田）

参考判例
●「歴史小説の"参考文献"事件」
原　審　東京地裁平成27年2月25日判決　請求一部認容、一部棄却

Q42 アイデアは著作権法で保護されるのか

著作権法では、作品のテーマやコンセプト、トリックなどは"アイデア"であって保護されないと聞きました。"アイデア"とは一体どのように考えたらいいのでしょうか。また"アイデア"と判断されるものについては、使い放題なのでしょうか。

　　　質問のように一般に著作権法ではアイデアは保護の対象ではないと通常は理解されています。

　これは著作権法制の原則で、保護の対象になるのは著作物の内容そのものではなく、その内容がいかに表現されているかが問題であり、表現され

たその表現そのものだとされているところから、常識的にそのように理解されているものと考えられます。

　ところで、そもそも一口に「アイデア」といっても、その受け取り方は多様であるのではないでしょうか。通常「アイデア」は辞書の上で「思いつき」とか「着想」と理解されています。文字どおり「思いつき」の範囲に止まるものが、著作権法の保護の対象になりえないことは上記の原則から容易に理解されるところですが、その思いつきが何らかの表現形式をとって存在するとすれば、著作物は通常、映画の著作物を除いて、固定することを要しませんから、立証の問題は別として、その表現が保護の対象になるかどうかの吟味が必要になるのではないかと考えます。例えば映画の「原案」と呼ばれるものがありますが、その原案が単なる企画案にとどまる場合はともかくとして、相当程度に肉付けされ、それをもって脚本化が可能であるような場合を仮定すれば、その原案はアイデアの範囲を超え著作物たりうるのではないかと考えます。もっともその著作物性を備えているかどうかの判断は難しいともいえましょう。

　このように考えてきますと、劇中のトリックそのものだけを切り離して、著作権法で保護するのは難しいと考えます。そもそも発想やトリックが非常にユニークなものであるとしても、それを独占させることが文化目的にかなうかどうか、あるいは表現の多様性や自由を束縛することにならないか、という観点からの考察が必要ではないかと考えます。

（参照：著作権法第2条1項一号）

参考判例

●「テレビドラマの漫画翻案事件」

東京地裁平成10年6月29日判決　請求棄却（翻案権侵害損害賠償等請求事件）

　原告は釋英勝のペンネームで「ハッピーピープル」と題する一連の短編漫画を創作発表している漫画家であり、被告はフジテレビ、番組製作会社（共同テレビ）及び番組の脚本執筆者である。原告は、昭和58年（1983年）ころ「先生、僕ですよ」という題名の短編漫画を創作し、その原稿は週刊漫画雑誌に掲載された。その後、単行本『ハッピーピープル』第2巻に収録されている。

　被告フジテレビ及び共同テレビは「地獄のタクシー」という題名のテレビドラマを製作し放映した。原告の主張によれば、被告の製作放映したドラマは、原告の著作である「先生、僕ですよ」と題材、ストーリーの内容、その展開、場面の流れ等において同一、又は類似しているから原告の著作物と同一性を有し、原告がその著作物に対して有する翻案権を侵害するものであり、かつ著作者人格権を侵害するものである。原告の著

作物は番組の製作時には「恐怖」を描いた作品として広く知られていたから、被告三者は故意又は少なくも過失があり共同不法行為が成立するとして損害の賠償と主要新聞に謝罪広告の掲載を求めたものである。

被告は原告の「等身大化したネズミが復讐する」というような話はすでに多くの人によって作品化されており、原告の独占できるものではない、番組は原告の著作物に依拠していないし原告の著作物は知らないと抗弁した。

裁判所は、翻案の成否について原告著作物の創作と認められる点と、被告番組には類似し共通した点はあるものの、原告の創作にかかる話はアイデアに過ぎないものといわざるを得ず、原告著作物に見られない重要なテーマがあること、人間を描く視点が異なっていること、ストーリーの流れも異なること、キャラクターの相違、また番組の画面の対比等を総合的に判断して、原告の翻案権侵害の主張を認めず、請求はすべて棄却された。

Q43 ゲームソフトの連続する静止画は映画か

ゲームソフトは映画の著作物だと聞きました。しかし動画でなく、多数の静止画像を組み合わせて作られた場合、映画の著作物といえるのでしょうか。

A 映画の著作物に関しては、著作権法上その定義がないことはQ18で説明した通りですが、通常、映画とは「フィルム等に固定された多数の画像を高速で順次スクリーン等に投影し目の残像現象を利用して、そこに連続映像を感知させるもの」と理解されています。参考にあげた事件の裁判でも裁判所はこのような理解のもとで、問題となったゲームは静止画像を並べたものと認定し映画の著作物ではないとしています。

（参照：著作権法第2条3項）

参考判例
●「ゲームソフト『猟奇の檻』事件」
原　審　東京地裁平成20年12月25日判決　請求棄却
控訴審　知財高裁平成21年9月30日判決　控訴棄却

Q44 映像の DVD 化の注意点は

劇場用映画の DVD 化のような二次利用に際しどのような権利処理に気をつけなくてはなりませんか。

A 劇場用映画を DVD 化することは、その映画の著作物を複製することになりますから、まず映画の著作物の著作権者から複製の許諾を得なければなりません。もちろん映画の著作物の著作権の譲渡を受ければ問題ないことはいうまでもありません。

また、映画の著作権者が自ら DVD 化を行なうことがあるでしょう。この場合も映画の複製そのものには問題がないことはいうまでもありません。問題は映画の複製に関し、映画の著作者、映画の原著作物の著作者（小説、脚本の著作権者）との関係、また、映画の著作物に複製されている著作物（音楽、美術等）の著作権者との関係を吟味することが必要です。

劇映画は脚本等を映画化（翻案）した二次的著作物になります。二次的著作物の原著作物の著作者は、「当該二次的著作物（この場合は映画）の利用に関し、この款に規定する権利（複製権をはじめとするいわゆる著作財産権）で当該二次的著作物の著作者が有するものと同一の種類の権利を専有する。」（著作権法第 28 条）ことになりますから、原作者、脚本家から映画の DVD 複製の許諾を得なければなりません。また映画の著作権は映画製作者に帰属していますが、映画の著作者、この典型的なものは映画監督となるでしょうが、その参加契約において映画の二次利用について触れる場合があるかもしれません。

また、映画に複製されている著作物の典型である音楽の場合は、音楽の複製（録音）についての許諾を得なければなりません。

また、著作者の人格権に関しては、その同一性を保持するという配慮が必要となりましょう。

わが国においてこのような実務がどのように行なわれているかは、巻末

の別表「劇場映画の二次使用に関する著作物使用料、追加報酬支払い契約」及び各著作権管理団体（日本音楽著作権協会等）の使用料規定を参考にしてください。

(参照：著作権法第 28 条)

Q45 タイトルの書は

映画製作にあたり、タイトルやクレジットなどを最近人気のある書家に依頼して書いてもらおうと思っています。何か注意する点はあるでしょうか。

A タイトルに人気の書家の書を使うときに、その書家の個性が表現された著作物の利用となることは、狙いがそこにある以上当然であると思われます。そうしますと、映画製作のために委嘱して書いてもらったものであっても、映画とは独立した著作物（この場合、美術の著作物ということになりましょうか）が存在することになり、その独立した著作物が映画に利用されている、つまり映画の著作物に複製されるということになります。

従って、この書家の立場は、映画に翻案されている著作物の著作者とは異なり、映画に複製されている書の著作者として、映画の利用に関して、直接著作権法第 21 条以下に定める著作者の権利を行使することができます。もちろん、その著作者から著作権の譲渡を受けることができれば問題ないのですが、現実的には容易ではないと考えられます。そこで映画の製作者側としては、委嘱契約において映画とは独立した著作物の著作者であることを念頭において、その製作にかかる映画の利用の範囲を明示した上で契約を締結する必要があります。よく執筆料とか委嘱料の名目で金員の授受がなされることを聞きますが、上記の点に鑑みますと、その支払われる対価がどういう性質のものであるかをはっきりさせておく必要があります。

更に、映画の宣伝等に必要に応じて複製使用することも付け加える必要があるでしょう。単に「宣伝のため」というよりは、その宣伝のためというのはどの範囲のものであるかを明確にすることができれば、よりよいことであると思われます。

このことは、映画ないしビデオ等の映像製作における音楽の利用に関しても、同様な配慮が必要になるということです。 (参照：著作権法第21条)

Column

かつてあるビデオ製作者と作曲を委嘱された作曲家が、自己の楽曲を信託している JASRAC（日本音楽著作権協会）との間で紛争を生じたことがあります（「管理著作物の著作権侵害にかかる損害賠償請求事件」）。これは JASRAC がビデオの複製に関し、当該作曲にかかるビデオの複製使用料を製作者に請求したところ、製作者は「映像ソフトの業界の慣行に則り著作権料を含んだ支払いをしている」と主張して争いました。この事件は一審の東京地裁の判決を経て、二審の東京高裁の判決が確定したのですが、製作者が作曲家から、ビデオの複製にかかる当該楽曲の複製使用許諾を得ていたとは認められないとの判断を示し、控訴人である JASRAC の主張を認めています。またこの判決では、この紛争の根本の原因は、ビデオソフトの製作時に、製作者と作曲家の間で複製許諾の明確な意思表示ないしは合意がなかったことにあるとしています。

質問の例である書家との契約にとどまらず、映画において使用される既存の著作物や、委嘱によって創られたその他の著作物の映画等の使用については、その映画における利用の範囲について契約上明確にすることが必要であるということです。

(二瓶)

> 参考判例
>
> ●「管理著作物の著作権侵害にかかる損害賠償請求事件」
> 原　審　東京地裁平成 12 年 6 月 30 日判決　請求棄却
> 控訴審　東京高裁平成 13 年 7 月 12 日判決　原判決取消請求認容

Q46 絵画の写り込みは

テレビドラマの一場面が画廊に設定されており、画廊の許可を得てロケを行なうことになりました。画面上で背後に絵画が入ってきますが、絵画の著作権者の許諾を取らなくてはいけないでしょうか。またドキュメンタリーの取材で、テレビ画面等が写り込んだ場合はどうでしょうか。

A この問題は広い意味で「写り込み」と呼ばれ、しばしばある事例であり、映像とひと括りにされるもののひとつ「写真の著作物」の場合にも起こることがあります。また録音物の中に音楽または歌詞が混入することがあろうかと思われます。

この中には、偶然に「写り込み」が起こる場合と、質問の場合のように偶然とはいえない意識的な場合とがあります。

「写真」の中の「写り込み」については裁判例があります。これは照明器具の販売カタログの写真に、ある書道家の書（以下原作品）が写り込んでいたことに対し、著作権者が「複製権等」の侵害にもとづく損害賠償を求めた事件でありました（「照明カタログ『書』複製事件」）。

この裁判では、原作品とカタログの紙面との対比においてきわめて縮小されており、字体や書体、全体の構成は明確に認識されるものの、原作品が書の著作物として本来有する美的要素を感得することができるとはいえない、即ち原作品が書の著作物として持つ、思想、感情の創作的表現部分が再現されているとはいえないから原作品の複製にはあたらないと判断し、訴えを退けています。

これは判例上「原著作物に依拠してその内容及び形式を覚知させるに足るものを再生することが複製である」とされていることによるものと思われます。

これから考えますと、質問の場合、背景に絵画が写り込んでいても、上

記のような再現である限りは問題とならないと考えますが、更に進んで考えますと、ストーリー上そのような場面設定を行なうということは、絵画の存在する場所の選定という、雰囲気の醸成上意図的な絵画の利用があったとも見られ、このような意図的に絵画の存在を意識した場合も同じような判断でよいのかという疑問が生じます。しかしこのような意図的な場合であっても、目的はその背後にある絵画の特性を利用しそれの再生を目的としたものでないことはいうまでもありません。このような場合でもそこに著作物が現前する限り、複製権の侵害であるというのには躊躇するところではないでしょうか。そうだとすれば、そのような場合は著作物の利用にはならないのだという社会的な合意の形成が不可能とは思われません。

　一般的に「写り込み」の場合に著作物の複製ではなく、その著作権の侵害にはならないと考える根拠をどう考えるかについて、前田哲男弁護士の説かれるところによりますと（『現代社会と著作権法──斉藤博先生御退職記念論集』所載「工業製品の外観などに利用された著作物の「写り込み」的な利用について」）、(A) 利用される著作物の性質及び内容、(B) 利用目的の持つ表現の利用の有無、内容、(C) 利用する側の作品の性質、(D) 利用の態様、等を総合的に判断して、著作物の表現がもつ、言語的、視覚的、聴覚的効果の利用がない場合、著作物の実質的利用がないと評価できるときは規範的な観点から、著作物の実質的利用を否定すべきである、とされています。

　この「写り込み」の問題については、各層の議論を重ね、平成24年の著作権法改正により設けられた同法30条の2の規定（平成25年1月1日施行）により、写り込む著作物が、創作される写真の撮影、録音、録画から分離困難な場合など法の示す要件を満たし、かつ、著作権者の利益を不当に害しない限り適法なものとなりました。

　ただし、条文にある「著作権者の利益を不当に害する」とは、具体的にどの程度の複製又は翻案まで許されるのか、今後の裁判例の集積を待たなくてはなりません。

（参照：著作権法第30条の2）

> **参考判例**
>
> ●「照明カタログ『書』複製事件」
> 原　審　東京地裁平成11年10月27日判決　請求棄却
> 控訴審　東京高裁平成14年2月18日判決　控訴棄却、拡張請求棄却

Column

著作権法第30条の2（付随対象著作物の利用）

　写真の撮影、録音又は録画（以下この項において「写真の撮影等」という。）の方法によって著作物を創作するに当たって、当該著作物（以下この条において「写真等著作物」という。）に係る写真の撮影等の対象とする事物又は音から分離することが困難であるため付随して対象となる事物又は音に係る他の著作物（当該写真等著作物における軽微な構成部分となるものに限る。以下この条において「付随対象著作物」という。）は、当該創作に伴って複製又は翻案することができる。ただし、当該付随対象著作物の種類及び用途並びに当該複製又は翻案の態様に照らし著作権者の利益を不当に害することとなる場合は、この限りでない。

2　前項の規定により複製又は翻案された付随対象著作物は、同項に規定する写真等著作物の利用に伴って利用することができる。ただし、当該付随対象著作物の種類及び用途並びに当該利用の態様に照らし著作権者の利益を不当に害することとなる場合は、この限りでない。

Column

　外国法制としてドイツ著作権法第57条では「著作物が複製、頒布、または公の再生の本来の対象に付随した重要でない点景とみなされるときは、その複製、頒布及び公の頒布は許される」としており、英国法1988年法第31条にも同じ旨の規定のあることをあげておきます。

(二瓶)

Q47 旧法時代の写真の保護期間は

番組の企画で、戦前から戦中戦後期（昭和初期から昭和30年前後まで）にかけての庶民史を取り上げることになりました。当時のニュース映像のほかに、視聴者から寄せられたスチール写真をかなり多量に使用する予定です。写真の著作権は旧法時代と現在とは保護期間が違うそうですが、どう違うのでしょうか。それら写真の著作権処理は具体的にどのようにしたらよいのでしょうか。

A まず第一に、昭和32年（1957年）12月31日以前に撮影され、「公表された写真」の著作権は、著作権法改正作業中の暫定延長の恩恵を得ず、当時の著作権法（旧法）の保護期間である、10年を経過した昭和42年（1967年）12月31日に保護期間満了により消滅し、現行著作権法（新法）による写真の保護期間延長の対象になりませんでした。また、昭和32年12月31日以前に撮影され「公表されていない写真」の著作権についても、創作後10年以内に公表されていなければ、これも著作権が消滅しています。もちろん、それぞれの写真について、撮影年月日などを確かめなくてはなりませんが、著作権は消滅しているものとして、自由に使用できると考えてよいでしょう。現在の写真の保護期間は、著作者の生存間及び死後50年間です。

Q48 ダンスシーンの振り付けは著作物か

ミュージカル仕立ての映画やドラマのダンスシーンの振り付けは、著作権法の定めている「著作物」にあたるのでしょうか。海外では、ブロードウェイのミュージカルの振り付けに著作権があると聞きました。そうだとすれば、著作者は振付師になるのでしょうか。
またダンスの振り付けと同じように、時代劇などでの殺陣も殺陣師が考案し、役者に指導し、場合によっては演出に参加することもありますが、殺陣は著作物にあたるのでしょうか？

A 著作権法の著作物の例示を見ますと、その第10条1項三号に「舞踊又は無言劇」を著作物の例示としてあげています。「舞踊」を『広辞苑』でみますと「音楽に合わせて身体をリズミカルに連続して動かし、感情・意志などを表現する芸術」とされており、著作権法上もおおむね、この一般的な意味と同義ととらえてよいだろうとされています（半田正夫、松田政行編著『著作権法コンメンタール』より）。まさに著作権法上、著作物とされる思想感情を表現したものといえそうです。著作権法上保護の対象となるのはダンスを踊る行為ではなく振り付け（Choreography コリオグラフィー）です（ちなみに著作権法英訳では、Choreographic works）。振り付けが著作物として保護の対象となるわけですから、質問にある振付師が著作者となるわけです。またこれらが即興で行なわれても、立証の問題は別としてその形は著作物として同様です。これに対し殺陣はどうでしょうか。よく剣の舞と殺陣を評していうことがありますが、これは形容の問題で、殺陣は「演劇や映画で闘争・殺人・捕物などの格闘の演技」（『広辞苑』より）とされており、それ自体何かの表現と呼ぶのは躊躇するところがあります。従って殺陣そのものを著作物ということはできないと思います。いずれもこれを演じることは、実演としてそれを演じた者あるいは演ずること、これらを指揮し、演出する者が実演家として保護されることは

いうまでもありません。　　　　　　　　　　（参照：著作権法第10条1項三号）

> **参考判例**
>
> ●「バレエ振り付け、無断上演事件」
> 東京地裁平成10年11月20日判決　請求一部認容、一部棄却
> （舞踊（振り付け）の著作物の上演権等侵害に関する損害賠償等請求事件）
>
> 　わが国においてキーロフバレー団の公演が行なわれた際、有名な振付師モーリス・ベジャールの振り付けにかかる舞踊の許諾を得ない上演に対し、舞踊の著作物の上演権侵害の損害賠償を認めたケース。
>
> ●「映画『Shall we ダンス？』の振り付け侵害事件」
> 東京地裁平成24年2月28日判決　請求棄却
>
> 　劇中で社交ダンスの振り付けを担当した振付師が、映画の二次利用（テレビ放送、DVD化）で著作権が侵害されたとして損害賠償を求めたケース。主な争点は、社交ダンスのシーンの振り付けに著作物性が認められるか否かだったが、東京地裁は「振り付けに顕著な独創性は認められない」として著作物性を否定、請求を棄却した。

Q49 舞台セットや照明は著作物か

バラエティ番組などで他番組のパロディを作る際、そっくりなセット、照明、音楽を用います。音楽はJASRAC管理楽曲なので問題ないと思いますが、セットデザインと照明を似せることは著作権侵害にならないのでしょうか。

例えば、『夜のヒットスタジオ』や『ザ・ベストテン』などの音楽番組のパロディを作る際、歌手の登場シーンでのセットや照明は、まったく同じではないにしろ、そっくりに作って演出しなければ、パロディとして成立しません。

舞台セットにしろ照明にしろ、パロディのもととなる番組の著作物を構成する一部ではないのでしょうか。だとすれば著作権侵害になりませんか。

　一般に、美術の著作物たりうるものであればセットデザインには著作権が存在するとはいえましょう。著作権法第10条1項四号

の「美術の著作物」には例示されたほか、舞台装置などが該当すると説かれています。この場合、舞台装置とは舞台に組み立てられた装置をいうのであって、衣裳、照明等を含む舞台効果全体をいうものではないとされています（著作権法令研究会編『著作権関係法令実務提要』第一法規より）。

　照明は舞台、セットなどに一定の効果を与える機能を持つものではありますが、それ自体が独立して著作物としての特性を有しているとは思われません。

　もちろんセットにしろ照明にしろ、そのプラン、設計図書は思想、感情の表現である限り言語の著作物として、保護の対象となることはいうまでもありません。

　質問にあるパロディ作品であるとして、パロディであるからという理由だけで免責されるかどうかは難しい問題です。　　（参照：著作権法第10条1項四号）

参考判例

●「『ライバル日本史』放送セット事件」
原　審　東京地裁平成11年7月23日判決　請求棄却
控訴審　東京高裁平成12年1月18日判決　控訴棄却

　原告は、水槽に満たした水に光を透過させた美術作品を創作したところ、被告の放送事業者がテレビ番組のセット制作で原告の当該作品を複製ないし翻案したとして、セット制作の報酬に相当する損害を被ったとし、その損害の賠償を求めた事案である。被告は、水の波紋に照明をあてて投影された波状の模様を組み合わせて空間演出を行なう手法は、以前から舞台や映画で用いられた手法で、共通した手法を用いることは原告の著作権を侵害するものではなく、セット制作は原告の作品に依拠したものではないと反論した。裁判所は、両作品を対比し原告作品と被告セットは具体的表現形態において類似性はない、手法に共通性があるといってもその判断には影響を与えるものではなく、手法そのものは著作権法において保護の対象になるものではない、として原告の請求をすべて退けた。

Q50　テレビ・映画のキャラクターは著作物か

一般にキャラクターには著作権がないと聞きましたが、映画のキャラクターを利用することは自由にできますか。

A たしかにキャラクターは著作物ではないといわれます。しかし一口にキャラクターといっても、いろいろあります。言語の著作物である小説に登場する人物がいかに特徴のあるキャラクターであっても、その人物像そのものが著作物として保護されないことは、その言語的表現そのものを利用しない限り明らかです。例えばよく例に引かれますが、大佛次郎の『鞍馬天狗』は特色あるキャラクターですが、ほかの作者が鞍馬天狗を登場させた小説を書いたからといって、それのみでは大佛次郎の著作物の著作権を侵害したことにはなりません。

これに反しアニメなどに登場するキャラクターは、例えばファンシーキャラクターとして商品化の対象となり、取引されているのが現実です。美術の著作物として表現されたキャラクターには著作権が発生しますし、その保護が考えられます。また商標法や意匠法、不正競争防止法の対象と考えられるものもあります。

かつて、東映テレビ映画の『仮面ライダーV3』に登場する「ライダーマン」の仮面を製造販売した業者に対し、映画の著作権者である東映が、そのような権限は映画の著作権者が映画の著作権の一利用形態として専有するものである、として著作権侵害の警告を業者に行なったことに対し、業者は、東映には著作権にもとづく差止請求権はないとの確認訴訟を起こしました。

この事件で裁判所は、仮面が「一般視聴者、特に児童幼児に、映画に登場する『ライダーマン』を認識させるに十分である」と認定した上、業者の製造行為は「ライダーマン」の特徴、即ちキャラクターを利用するものであり、「とりもなおさず東映の有する映画の著作物の著作権を侵害するものである」としています。

■参考判例
●「映画のキャラクター『ライダーマン事件』」
東京地裁昭和52年11月14日判決　請求棄却

■参考
『著作権判例百選』所蔵　牛木理一著「映画のキャラクター『ライダーマン事件』」

Column

　映画に登場するキャラクターとして、有名な『座頭市』に主演した俳優、勝新太郎の名はまだ記憶にあると思います。

　昭和43～44年ころと記憶していますが、当時、勝新太郎扮する「座頭市」の「そっくりさん」が現れたことがありました。我々の見たところやや小柄でしたが、まさにそっくりな人物でした。これに目をつけたのかもしれませんが、当時名も知れぬプロダクションがこの人物を主演に『座頭市○○○』（題名はよく覚えていませんがそのような映画）を製作して公開しようとしていたことがわかりました。

　筆者は当時、勝の主演で「座頭市」シリーズが看板であった大映に勤務していました。

　顧問弁護士の柏木薫先生と相談し、著作権問題とするのは難しいが不正競業の問題として仮処分の申請をしよう、ということで資料集めなどに奔走しました。

　東京地裁ではこの申請に対し和解をすすめられ、相手方が呼び出しや直接の話し合いになかなか誠意を見せなかったので、その仔細をメモしておいた記録が裁判官の心証を良くしたのか、ほぼ申請通りの条件で和解が成立し、深夜の地裁を満足しながら帰ったことを思い出します。

　プリントの「執行官保管」のため、執行官に同行し相手の事務所に行くなどの経験もしました。

（二瓶）

Q51 SE（サウンドエフェクト／音響効果）は著作物か

劇中で使うさまざまな効果音（SE）は著作物として保護されないのでしょうか。

ドアの閉まる音（バタン）やチャイム音（ピンポン）、ガラスの割れる音（ガシャン）など、単純な音だけでは著作物とならないのかもしれませんが、演出に合わせてそれらの音をさまざまにアレンジし、創作・工夫しているのが現状です。

例えばドアの閉まる音にしても、そのドアの素材や厚さ、閉め方、建物の雰囲気、そのシーンの持つ演出上の意味などから、「バタン！」「パタン！」「パシャン！」「ズーン！」「ズシーン！」「ドン！」等々、音を作り出します。録音してある数種の音を組み合わせる場合もありますし、エフェクターなどで音域を変える場合もあります。イメージに合わない場合、一から作る場合もあります。その作業において作者の創作行為が働いているのだから、著作物たりえると思うのですが。

また、怪獣の鳴き声（ガオー！）や、宇宙船のレーザー銃の発射音（ピュンピュン！）、ロボットの動作音（ピコピコ）など、実際に存在しない音はまったくの創作物です。著作物の要件をすべて満たしていると思うのですが、いかがでしょう。

A 質問のように劇中で、あるいはアニメに登場するキャラクターなどの発する音については、自然界に存在する音のみならず、質問にあるように効果をあげるためさまざまの工夫がされていることは容易に想像できます。

筆者の考えでは、その効果音の作成自体は、さまざまに作成者の創意工夫がなされていても、その「創作行為」により作成された音は「思想又は感情を創作的に表現したもの」という著作物の定義にかえって考えてみて、「表現したもの」というにはあまりに断片的であり、一種の素材としか考

えられないのではないでしょうか。

　質問の「ドアの音」についてのさまざまな工夫も、音自体の効果がどうであるかを狙ったもので、思想又は感情の表現という点からは隔たったものであると考えます。ただ具体的な音がまったく著作物として保護の対象とならないかというと、必ずしもそういいきれない面があることも事実です。今日では純粋な音楽作品としての存在意義は薄れているそうですが、20世紀前半に盛んに創作された、自然音を素材とした作曲、ミュージック・コンクレート（具体音楽）という分野がありました。しかしこの場合も音楽の著作物として保護されるのは、個々の具体的な音（電子的な加工が施された場合もあるそうです）ではなく、一連の音の連なりが「表現されたもの」として保護されることはいうまでもありません。昭和39年（1964年）東京オリンピックの開会式に演奏された、黛敏郎の「オリンピック・カンパノロジー」も電子音と梵鐘のコンクレート的合成だということです。

　一方、最近見かける、森の中の鳥の鳴き声や風のそよぎ、流れの音など具体的な音を録音したものは、中身は具体的な音であっても、その録音物はレコード、その音を最初に固定した者はレコード製作者として、複製権等を有することはいうまでもありません。

（参照：著作権法第2条1項一号）

Column

　怪獣等の声を作る際、効果を担当者がさまざまな種類の音を合成し何種類かの音を作成して、検討することがあります。筆者は怪獣映画『ガメラ』に登場する怪獣の声を決める場面に立ち会い、これを経験したことがありました。

（二瓶）

Q52 番宣・プロモーション目的での公開は可能か

あるテレビ局の依頼で製作した短編ドキュメンタリー番組が、紹介という名目で大部分放送されてしまいました。これは再放送とは異なる別の権利ではないのですか。

A 　紹介という名目がよくわかりませんし、どの程度放送されたかがわかりませんが、委嘱により製作された映画の著作権がどこに帰属しているのか、映画製作者がテレビ局なのか、委嘱の際の契約はどうなっているのかが不明ですので、仮定の上での答えにしかなりませんが、再放送と別の権利ではないかとの問いですので、再放送については一応の了解があるものと思われます。そうであれば、紹介という名目にもかかわらず、あたかもそれが当該番組の全編と誤解されるような仕方で放送されたとすれば、当該番組の同一性の保持に反する、つまり著作者である監督の著作者人格権を侵害したともいえると思われます。

　また、再放送のつど報酬が支払われるというなどの契約があるとすれば、この場合は再放送とはいえないと思います。ただ、当該番組等の宣伝に対する協力義務を負っているとすれば、そのような紹介が宣伝であるというような慣習あるいは慣行があるかどうかも、判断の基準となるのではないでしょうか。

Q53 シナリオと原作者の関係は

ある小説を著者の許諾を得て映画化しました。そのシナリオを本に収録しようとしたら、小説家から、映画が満足のいくものでなかったとして、収録をしないようにいってきました。映画化を許したのに、シナリオの複製を禁ずる権利が小説家にあるのですか。

A 小説家がその小説の映画化を承諾した場合、小説家は映画及びそのもととなるシナリオについても、これら二次的著作物の原著作物の著作者の地位に立つことになります。二次的著作物の原著作者は二次的著作物の著作者と同一の権利を持ちます（著作権法第28条）から、シナリオの複製についても小説家は権利を有します。従って、二次的著作物の原著作者として、質問のシナリオの複製を承諾しない権利があります。参考にあげた事件では、当事者の被告小説家は、この映画化の契約当事者ではなく、この映画の原作使用契約は、小説家が一定の権限を付与した出版社と映画プロダクション間の契約であり、原告被告間には契約関係は存在せず、二次的著作物の原著作者として、小説家は諾否の自由を有しており、原作の著作者として正当な権利を行使したに過ぎないとしています。

（参照：著作権法第28条）

> **参考判例**
>
> ●「映画『やわらかい生活』シナリオ収録拒否事件」
> 原　審　東京地裁平成22年9月10日判決　請求棄却
> 控訴審　知財高裁平成23年3月23日判決　控訴棄却、拡張請求一部棄却、一部却下

Q54 動画をネット上で公開する場合の注意点

ビデオや動画をネット上に公開する際、注意すべきことはありますか。

A 　近年、光回線などのブロードバンドの普及や、スマートフォンなどの高速携帯端末の開発により、大量の映像がインターネットを介して見られるようになりました。それに伴い、映像の著作権の保護が疎かにされているのもまぎれのない事実です（Q17参照）。

　ネット上に動画を公開する場所として、自分のホームページやブログで公開するケースと、「YouTube」に代表される動画配信サイトで公開するケースがあると思いますが、いずれにしても、著作権をはじめとする知的所有権には十分な配慮をすべきです。

　注意すべき点としてまず第一に、公開する動画が自分の著作物であることが大前提となります。

　自分が撮影した動画ならば著作者は撮影した本人、著作権も撮影した本人に帰属しますから、基本的に問題はありません。ただしその動画が、会社などの業務で撮影されたものですと著作者はその会社、著作権も同様にその会社に帰属しますので、会社に無断で公開はできません（Q11参照）。

　第二に、その動画が他人の著作物を利用していないかが重要になります。

　例えば動画のBGMとして楽曲を使用した場合、その楽曲の著作権が存続している間は、著作権者の許諾なしにはネット上で公開できません。CDなどから直接録音することはもちろん、その楽曲を自分で演奏した場合もネット上では著作権侵害になります。

　例えばこんなことはよくあるのではないでしょうか。

　自分が撮影したわが子の動画を編集して「○○ちゃんの成長記」としてまとめる。その作品にお気に入りのアーティストの最新曲をBGMとしてつける。思いのほか完成度が高かったので、自分のホームページで公開する。

ビートルズのヒット曲をカバーしてバンド仲間の友人と演奏する。それをビデオカメラで撮影する。その動画が大変よくできていたので動画配信サイトに投稿する。あるいは、AKB48のヒット曲の替え歌を作る。その替え歌が面白く、仲間内で評判になったので、自ら歌って携帯ムービーで撮影、ブログに掲載する。

　いずれも気楽に行なってしまいそうですが、その楽曲の著作権者の許諾を得ていないと著作権侵害になりますし、替え歌の場合は同一性保持権侵害にもなりえます（この場合は著作権者だけでなく著作者の許諾も必要になります）。

　ここでは楽曲（音楽）を例にしましたが、Q3で例示した通り人間が創造したものはほぼ著作物であり、それらは巷にあふれています。他人の著作物を自分の著作物に利用する行為は、慎重に行なわなければなりません。もちろん、それらには保護の対象から外れているものもあり、すべてが利用できないわけではありませんが、「ネット上に載せる」という行為は、著作権法でいう「公表」にあたります。家族や仲間内だけで楽しむのなら問題はありませんが、「公表」の瞬間に著作権侵害になりますので注意が必要です。

　第三に著作権の問題ではありませんが、他人の肖像権やプライバシー権についても気をつける必要があります。

　肖像権やプライバシー権に関しては、こんなことがあるのではないでしょうか。

　子供の運動会で徒競走を撮影する。わが子を撮影していると、隣のコースを走っていた子が転倒する。その倒れ方があまりにも滑稽だったので、面白半分に動画配信サイトに投稿する。

　ゴミの分別ができていないことに腹を立てたマンションの管理人が、ゴミ集積所にビデオカメラを設置する。深夜、マナー違反の住人がゴミを捨てにくる様子を撮影する。腹いせのためそれを動画配信サイトに投稿する。

　いずれも容姿がはっきりわかる映像である場合、本人の了承を得ずにネット上で公開すると、肖像権侵害やプライバシー侵害、名誉毀損で訴訟を起こされる可能性があります。

こうしたトラブルに巻き込まれないためには、人として常識的に一定の配慮を他者にすること、つまり"面白半分"や"腹いせ"といった軽率な行ないが、他者を傷つける可能性があることを十分に考慮することが大切だと考えます。

最後に気をつけなくてはならないことは、自分のホームページやブログなら、まず問題ないのですが、動画配信サイトの一部には、投稿した瞬間（ 投稿する をクリックした瞬間）に規約により著作権が譲渡されてしまうことがあります。つまり投稿すると同時にその動画の著作権は、あなたからそのサイト運営者に移ってしまうのです。動画配信サイトには投稿規定が掲載されていますので、投稿する前に必ず目を通すべきでしょう。投稿規定が明示されていないサイト、または投稿規定があいまいなサイトへの投稿はしないのが賢明です。

（参照：著作権法第2条1項七の二号、第2条1項九の五、第15条、第16条、第20条1項）

Q55 未使用の映像素材の著作権者は誰か

編集後（完成・納品後）、使われなかった映像素材の著作権は誰に帰属するのですか。

A 未編集フィルムについては、その映画の著作物としては未完成であるという理由で、著作権はいまだ製作者に移転しておらず、依然として監督にあるという判例が出ています（「三沢市勢映画『青い海』事件」〈Q2参照〉）。

映画の場合、ほかの著作物に比べて先行投資額が大きく、配給や流通の問題、関係者の数の多さなどから権利上の混乱を避けるため、映画の全体的な形成に関わった者（監督、演出、撮影等）は著作者とされるものの、著作権は、映画の完成時に自動的に製作者に移転するものとされています。これを法定譲渡といいます。

法定譲渡が生じるのは、あくまでも編集過程を経て、映画の著作物として完成したといえるようになったフィルムのことであって、ご質問のように「使われなかった映像素材」は、未編集のフィルムに過ぎず、映画の著作物とはいえないとするのが前記の判例です。従って、著作権は監督に帰属しますので映画製作者の立場に立てば、参加契約においてこれを解決しておくことが必要になるかもしれません。　　　（参照：著作権法第2条3項、第16条）

> **参考判例**
> ●「三沢市勢映画『青い海』事件」（「未完成映画の著作権の帰属事件」）
> 原　審　東京地裁平成4年3月30日判決　請求棄却
> 控訴審　東京高裁平成5年9月9日判決　取消
> 上告審　最高裁(二小)平成8年10月14日判決　上告棄却

Q56　モニターテレビや監視カメラの映像は著作物か

モニターテレビの映像や監視カメラの映像も映画の著作物ですか。

A　著作物とされるためには、「思想又は感情を創作的に表現したもの」であることが必要ですから、このようなものは映画の著作物とはいえません。ただこれほど極端な例でなくても、映画の著作物とはいい難いけれども、映像が文化的、社会的な価値があり、何らかの形で保護されてもよいと考えられる場合があることは考えられます。

　将来的に「映画の著作物」の定義が議論されるような機会には、このような映像が議論の対象となることも考えられます。

　ドイツ著作権法では「連続映像」として、映画の著作物として保護されないものについて、これに準じた取り扱いがなされているようです（Q1からQ3を参考）。

（参照：著作権法第2条1項一号）

Q57 ぬいぐるみや人形、プラモデルの著作権は

ぬいぐるみや人形、プラモデルなどを撮影し、映像利用することは可能でしょうか。

A そのぬいぐるみや人形、プラモデルが、著作権法で保護の対象としている「美術の著作物」にあたるかが問題になります。美術の著作物であれば、著作権者の許諾なしに映像で使用することは著作権侵害になり、そうでなければ自由です。

たしかなことは、そのぬいぐるみや人形、プラモデルのキャラクターが、実在の人物をモデルにしたものであれば、その人の肖像権を侵害する行為になるので、こちらについても許諾が必要になります。

(参照：著作権法第10条1項四号)

Q58 著作権消滅の放送映像は許諾が必要か

すでに著作権が切れている映像ですが、あるテレビ局が放映したものを録画したものです。それを利用する場合、そのテレビ局の許諾は必要ですか。また放映はされてはいませんが、テレビ局が所有している著作権消滅のニュース映画を利用するとき、やはりそのテレビ局の許諾は必要なのでしょうか。

A 著作権法上、放送事業者は、著作隣接権者として著作権法第98条ないし第100条の各権利が付与されています。即ち放送の複製権、再放送及び有線放送権、送信可能化権、テレビジョン放送の伝達権です。保護される対象となる放送は、具体的にある時点で行なわれた個々の

放送それ自体を保護するものです。ところで著作隣接権は、第90条の定めるところにより、放送事業者の権利は著作者の権利に影響を及ぼすものではなく、著作物が放送された場合は著作者の各権利と、放送事業者の権利が重畳的に働くことになります。

著作権が消滅した著作物の放送の場合はどう考えたらよいのでしょうか。放送局がその著作物の利用に対し何か要求をしたとしても、著作物利用の対価と考えるべきではないと考えます。

そのニュース映像の所有権にもとづく対価を要求されているのかもしれませんが、放送が保護されたからといって、公有に帰した著作物の著作権を放送した事実、その放送により、放送事業者が有することになる権利をもって「囲い込み」の対象とすることは許されないのではないかと考えます。

(参照：著作権法第90条、第98条、第99条、第99条の2、第100条)

Q59 インターネット掲示板の情報は著作物か

インターネットのグルメ情報専門の掲示板に、匿名で書き込んだ私の文章がほとんどそのまま、あるテレビ番組で紹介されていました。テレビ局に抗議したところ、私の文章を転載したことは認めましたが、その内容は「情報」であって「著作物」にはあたらないので問題ないといわれました。私が書き込んだ内容は、あるレストランの紹介（メニューと値段、場所、電話番号、味など）で、たしかに「情報」かもしれませんが、私が自分でメニューなどを書き写し、更に味わった感想も書いたのだから、当然私の著作物だと思います。テレビ局の言い分は正しいのでしょうか。また、匿名で書き込まれたものには著作権がないとも説明されましたが、本当でしょうか。

　　味わった感想をどのように書いたかによりますが、それ次第で、著作物になる場合があるでしょう。単純に「マル・バツ」や「う

まい・まずい」「高い・安い」などのようなものでなく、自分の文章表現で書いたものであれば著作物です。また、匿名で書き込まれたものであっても、著作物であれば著作権はあります。

　もしそのグルメ情報専門サイトが、あらかじめホームページの中で、掲示板に書き込まれた文章は、関連メディアに転用する可能性があるので了解の上で書き込むように、ということを明示したなどの特別の事情がない限り、著作権の侵害になります。

　レストランの紹介（メニューと値段、場所、電話番号）は、たとえ書き写す労があったとはいえ単なる情報に過ぎませんから、その部分については著作権は生じません。

(参照：著作権法第2条1項一号)

参考判例
●「ネット掲示板書き込み無断使用事件」
原　審　東京地裁平成14年4月15日判決　請求一部認容、一部棄却
控訴審　東京高裁平成14年10月29日判決　控訴棄却
(ネット掲示板への書き込みが著作物とされた事例)

　ホテルと観光に関する質問、回答であって、事実の報告または感想に過ぎないという、被告の反論に対し、判決は原告の記述は、表現及び内容に照らし著作物性が認められる、インターネットの掲示板に書き込まれた投稿文章であっても、著作物性の成否に関する判断基準に何ら変わることはないとの判断を示している。

Q60 海外の民謡の著作権は

JASRAC（日本音楽著作権協会）の管理楽曲ではない、作曲者も製作年度もわからない海外の民謡を、演奏して作品に利用することは可能でしょうか。

A　広く知られている民謡の場合、保護期間の終了により、著作権が消滅している場合が多いでしょう。もしも著作権が消滅していれば、誰もが自由に使うことができるので、演奏することも放送することもネット上で公開することも可能です。しかし、その民謡が本当にオリジナ

ルなものかを確認する必要があります。通常、民謡など伝承され受け継がれているものは、その過程で編曲されていることがあります。編曲者がいる場合は、その編曲者に著作権が生じますので、その権利が保護期間内であれば、許諾が必要になります。

(参照：著作権法第51条)

Q61 著作権者不明の場合はどうしたらよいか

ある小説の映画化を考えていますが、今のところ著作権者が不明です。何か解決方法はありますか。

著作権者が不明な場合、その著作物を文化庁長官の裁定で利用可能となる制度があります。

著作権法第67条1項では次のように定めています。

「公表された著作物又は相当期間にわたり公衆に提供され、若しくは提示されている事実が明らかである著作物は、著作権者の不明その他の理由により相当な努力を払ってもその著作権者と連絡することができない場合として政令で定める場合は、文化庁長官の裁定を受け、かつ、通常の使用料の額に相当するものとして文化庁長官が定める額の補償金を著作権者のために供託して、その裁定に係る利用方法により利用することができる。」

「2　前項の裁定を受けようとする者は、著作物の利用方法その他政令で定める事項を記載した申請書に、著作権者と連絡することができないことを疎明する資料その他政令で定める資料を添えて、これを文化庁長官に提出しなければならない。」

従来この裁定による使用は実際はなかなか難しいのが実状でしたが、法改正により、より具体的になりました。ここにいう「相当な努力」とは具体的にどの程度が要求されているのかわかりませんが、改正前の実状はか

なり厳しいものでした。

　出版のような場合、よく「著作権者が不明ですが、情報をお寄せください」といった趣旨の断り書きを目にすることがありますが、これで責任を免れるということはありません。一種のエクスキューズに過ぎないのです。

(参照：著作権法第67条1項)

Column

　昔、一世を風靡した島田清次郎の「地上」という作品の映画化で、相続人を探し当てるのに大分苦労した記憶があります。著作権の保護期間の延長があると、このような事態が増える可能性があることも考えなくてはならず、この制度の「使い勝手」を更によくする必要が出てくるかもしれません。

　しかし手続きの簡略化がもたらす弊害も考えられないわけではなく、この問題はなかなか難しいもののようです。　　　　　　　　　　　　　　(二瓶)

Column

　筆者の経験では、ある外国のミステリーの映画化を考え、裁定制度の利用を考えたのでしたが、国内では手段を講じえませんでした。「アメリカ議会図書館のリファレンスに問い合わせてみましたか」といわれ、筆者にはそのような能力がないため、映画化を断念したことがありました。　　　　　　　(二瓶)

Q62　映画の原作・脚本の表示はどうすべきか

映画の原作あるいは脚本に関するタイトル表示について、諸外国には細かい表示の仕方があるとのことですが、実例をあげてください。

A わが国の場合は原作の利用については、原作、原案、構成、「原作名」より、また脚本の場合は、脚本、脚色、潤色等が用いられているようですが必ずしも的確な表示でない場合があるようです。

　かつて、日本文藝家協会、日本シナリオ作家協会等、文芸家の団体と映画、テレビ界の関係者が映画、テレビで原作を脚色する場合の限界について協議を行なった際の報告書「脚色の諸形態の実例」の項において示された海外の例をご紹介すると次のようなものがあげられています。

From The Novel by
　〃　The Play by
　〃　Book by
　〃　Idea by

Original Story by
　　〃　Screen play by
　　〃　Scenario by

Based on the novel by
　〃　　Story by
　〃　　Play by

Based upon the novel "Sundown at Crazy Horse" by
Based on Characters from "Melville Goodwin U.S.A." by
Based on Material by
Written by
Written and Play by
Story by

Suggested by a Story by
Adapted from the Novel

Written for the Screen by
From a Suggestion by
Based on the Cosmopolitan Magazine novel by
Screen Story by
Story scenario by

　これらを見ますと、たしかに日本における表示と比べ、よりきめ細かく、実状に適した表示といえましょう。これらの表示を参考にすることによって、原作者と脚色者の両者の不満が解消されるのではないかとしていますが、同時に観客や視聴者に対しても親切な取り扱いになるのではないでしょうか。

Q63 映像におけるコピーライト表示は必要か

日本のテレビ番組やビデオ作品にはコピーライト表示（©表示）がなかったり、あっても製作年度が書かれていませんが、著作権法上、問題はないのですか。

A 　©表記がなくても、問題ありません。
　テレビ、ビデオに限らず著作物の著作権は、わが国ではコピーライト表記、©のあるなしに関係なく保護されます。もともと©表示は、著作権保護の条件として登録を必要とするアメリカを中心とする"方式主義"の国と、ベルヌ条約加盟国のように登録を必要とせず、無条件で著作権が保護される"無方式主義"の国との架け橋として作られた万国著作権条約で定められたものです。無方式主義の国の著作物でも、©マークをつけておけば方式主義の国で登録等の手続きが行なわれたものとみなされて、著作権が保護されるという機能を持っていました。そのアメリカをはじめ世界各国が無方式主義のベルヌ条約、あるいはその保護を条件とする国際

条約に加盟した現在では、ほとんどの場合、コピーライト表示、Ⓒ表示のあるなしにかかわらず保護されます。ただ映画の著作物の保護期間は、公表年を基点としますから、公表年、著作権者名を表示したほうが将来のトラブルをなくす効果があります。わが国の映画製作者の団体では、統一したマークで公表年と著作権者名を表記したⒸ表示を行なっています。

なお米国においては、著作権表示を奨励するため「著作権表示」に善意侵害の抗弁を排除する効力（現実的損害賠償、法定損害賠償金を減殺するために一切考慮されない）を与えているとのことです。著作物の輸出を考える場合に参考となるかもしれません。

●山本隆司著『アメリカ著作権法の基礎知識』

「著作者人格権」

Q64 ドラマ化、映画化での原作者の人格権は

小説が映画化されることになり、シナリオの段階でOKを出しました。最終段階で多少変わることはあるといわれ、そういうこともあるだろうと了解していたのですが、シナリオの変わった方向に加え、演出の方向が原作の趣旨とあまりにも異なっているため、映画の公開を拒否したいのですが、可能でしょうか。

A 著作者はその著作物について、その意に反して改変を加えられない著作物の同一性を保持する権利があります。小説の映画化は、小説を翻案使用することですから、その限りにおいて著作物の同一性は失われるのは当然としても、質問にあるように、原作の趣旨とあまりに異なるというのは、著作物の同一性を保持するのが難しい状態であると窺われます。このような場合は翻案を許諾したからといっても、著作者の人格権の侵害を主張することができると思います。

映画製作がどの段階にあるかはわかりませんが、原作の使用契約の解除、あるいは映画が完成しているとすれば、複製、頒布、上映等の差し止めを求めることとなりましょう（Q33参照）。

(参照：著作権法第20条1項)

Q65 映画やテレビ番組の部分利用は問題ないのか

ある映画の一場面が、カラオケ映像で利用されているのを見つけました。これは「同一性保持権」の侵害にならないのでしようか。

A 過去にはこのような主張が映画監督側から製作者側へなされたことがありました。

このとき映画製作者側の意見では、同一性保持権とはその著作物が提示された場合に、提示されたその著作物の形が当該著作物（この場合映画）の全体像であるとの誤解を与えるような場合は同一性保持の問題が生起するのであって、明らかにそれが部分であると一般に認識される場合は、単に映画の著作物の利用の一態様に過ぎないから、著作者の人格的権利である同一性保持権の問題ではないとして、両者の主張が対立しました。

　著作者の人格権である同一性保持権とは、「著作物または題号に、著作者の意に反して改変を加えられることのない権利を有する旨を定めたものである」とされています。これから見ますと、部分を部分として利用するというのは、著作物の改変とは異なる次元の問題と思われ、その限りにおいては製作者側の考え方はもっとものように思われます。特に先の場合、経済的な要求が絡んだため、人格権的な主張を経済的主張に変えるのかというような反感もあって問題の純粋な解決を難しいものにしました。

　その後、テレビ放送における部分利用に関しては、監督側の要求を局が受け入れ、監督に対し一定の金員の支払いを行なうようになったようです。

　質問に対する答えの範囲を超えるようになりますが、映画または映像の世界で著作者の同一性保持権が問題になった事件をあげてみましょう。

　ひとつは「観光映画『九州雑記』事件」といわれるもので、この事件にはほかにも争点があったようですが、原形にタイトルフィルムを付加したことが同一性保持権を侵害するかについて争われました。この点について裁判所は、全体のフィルムの長さについて、付加された部分の割合がわずかであること、付加された内容が事実に即したタイトルフィルムであることから、原告が著作者の一員である人格的な利益が害されたとはいえないと判断しています。

　この種の事例としてはほかに、「スイートホーム事件」があります。この事件は、映画監督側から起こされたもので、争点のひとつに映画のビデオ化、放送をめぐり映画のサイズをテレビサイズにトリミングしたこと、コマーシャルが挿入されたことがこの映画の「改変」にあたるとの主張に対し、裁判所は「著作者の同意を得ないで行なうコマーシャルの挿入、トリミングを当然には正当化されるものではない」としつつも、この事例に

おいては監督自身も映画の二次利用を広く承諾しており、実際の作業は、映画の製作総指揮並びに編集を実質的に行なった某が慎重な配慮のもとに進められたものであって、著作権法第20条2項四号に定める「著作物の性質並びにその利用の目的及び態様に照らしやむを得ないと認められる改変」に該当すると判断しています。　　(参照：著作権法第20条1項、第20条2項四号)

>参考判例
>
> ●「観光映画『九州雑記』事件」
> 東京地裁昭和52年2月25日判決　請求棄却
>
> ●「スイートホーム事件」
> 原　審　東京地裁平成7年7月31日判決　請求棄却
> 控訴審　東京高裁平成10年7月13日判決　控訴棄却、拡張請求棄却

> Column
>
> 　かつて昭和40年代の前半に盛んに行なわれた、いわゆる「旧作映画」のテレビ放映の際のカット、トリミングについて監督の了解を得るためのやり取り等がそぞろ思い出されます。
> 　その後、カットは、チーフ助監督など監督の信頼する者が意を体して行なうことでおおむね了解ができたことを記憶しています。　　　　　　　　(二瓶)

Q66 要約した"字幕テロップ"は改変か

ニュースなどの取材VTRを放送する際、インタビュー音声に字幕テロップをつけますが、一言一句、喋っている言葉を字幕にすることは画面に表示できる文字数の関係で不可能です。要約したり、ときにはわかりやすくするために、主語や語尾をカッコつきで追加したりしますが、これらを許諾なしに行なうのは、同一性保持権の侵害にあたるのではないでしょうか。

また、インタビュー音声が聞き取りづらく、喋っている言葉と違った字幕を入れてしまった場合や、方言を標準語に直して字幕を入れることは、改変にもあたるのではないでしょうか。

A インタビューに対するコメントが口述の著作物である限り、当然その同一性の保持は問題となりましょう。一方、画面の制約等その都合上要約されることはありうることと思います。

従って、それが著作権法第20条2項四号の規定の「やむを得ないと認められる改変」と認められる余地はあると考えます。「引用」について、裁判上「要約引用」も認められた例があることから、要約があったからといって、直ちにそれが同一性を害したとまではいえないと考えます。

ただし要約したことで、明らかに論旨の違う内容になってしまったり、間違った字幕を入れてしまうと、同一性保持権侵害になります。

方言を標準語に直すことは、やむを得ない改変だと考えますが、念のため本人の許諾を取っておけば、後々トラブルにならないでしょう。

(参照：著作権法第2条1項十八号、第20条1項、第20条2項四号)

Q67 デジタル処理による被写体の加工は改変か

撮影した銅像などのモニュメントをデジタル処理で加工し、大きさや色、形などを変えることは著作権法に違反するのでしょうか。

A 無許諾で行なうのであれば著作権法違反となります。

単に素材として使用して、もとが何であったのかわからないまでに加工してしまうということであれば、それはもとの著作物とは別物ということになりますが、もとの著作物を感じさせる要素を残したままの加工は、複製権、又は翻案権、場合によっては同一性保持権の侵害になります。作者の許諾を得てからにすべきです。

なお、屋外で誰もが見ることができ、恒常的に設置されている銅像を写真などにより複製することは許されます。その場合でも加工して改変すれば、同一性保持権を侵害することになり、許されません。また、撮った写真を絵葉書などにして売ることはできません。

(参照:著作権法第20条1項、第21条、第27条、第46条)

Q68 完成後（納品後）の作品の改変は可能か

映像作品を納品後、代理店の要望で、監督に無断で一部構成を変えて、編集し直しました。問題があるでしょうか。

A 納品後の映画の著作権は製作者に移転しています。しかし監督は依然として著作者であり、著作者人格権を有しています。

従って、完成後の著作物を改変することは、著作者人格権及び著作権の双方をクリアにしなければなりません。

映画は公開後、テレビ放映やDVD化、ネット配信など、二次利用されることが多く、その際には媒体特性に合わせたやむを得ない改変が発生することがあります（テレビ画面に合わせたトリミング等）。そのような場合には、許諾なく改変を行なったとしても監督の著作者人格権を侵害したとまではいえず、特に問題はありませんが、今回のご質問のように構成を変更して編集し直したり、あるいは撮り直したりする場合は、明らかに内容の改変ですから映画製作者と監督の両者の許諾が必要です。

(参照：著作権法第20条1項、第20条2項四号、第29条1項)

Q69 商品名等のモザイク化は許されるのか

海外映画などの日本語版制作の際、代理店の要求で、劇用車として出てくる自動車のロゴマークにモザイク処理をする場合があります。提供スポンサーであるほかの自動車メーカーの要望なのだそうですが、このような変更は著作権法の同一性保持権に触れないのでしょうか。

A 著作者の意に反する改変、切除を禁止する同一性保持権は、この映画の著作者の問題ですから、著作者の同意を得ることが必要で、この間の事情を著作者にいかに伝えるかの問題ではないかと考えます。一方、法はその例外として「著作物の性質並びにその利用の目的及び態様に照らしやむを得ないと認められる改変」（著作権法第20条2項四号）を認めているわけですから、その点からの吟味が必要となるでしょう。

(参照：著作権法第20条1項、第20条2項四号)

Q70 外国作品の翻訳での同一性は

海外映画などの日本語版制作の際、翻訳について違訳や誤訳が多いとして、配給元から厳しいチェックを受けることが多くなりました。
文化的に日本では通じない言葉や言い回し、スラングやことわざなどの場合、当然、日本語にふさわしい言葉や表現に変えて翻訳しますが、最近では違訳または誤訳と判断され、作品のオリジナリティ（同一性）が守られていないとして、ほぼ直訳を求められる場合があります。
また、日本では違う意味で使われている外来語について指摘されるケースもあります。例えばアメリカ映画の作中で、"He goes to the arcade."という台詞があった場合、「彼はアーケードに行く」と翻訳すべきだと指摘されますが、ここでいう「アーケード」とは、アメリカでは「ゲームセンター」のことを指す場合が多く、日本でいういわゆる「アーケード商店街」とは違います。ですのでこの場合「彼はゲームセンターに行く」が正しいのですが、こうした的外れな指摘に対抗する手立てはないのでしょうか。

A 以前、映画という商品は国際的に流通するもので、例えば題名は国情というか公開される国の言語に従って自由に変更される場合も多くあったと聞いています。質問の配給元というのは、国内のライセンシーなのかどうかわかりませんが、本来公開される国の風習や言語に従って、もとの映画の表現などが容易に理解されるように台詞が変更されるということは、まったくの誤訳は別として許されるものであると考えます。そのような観点から配給元の理解を求めるのがそのあり方と思いますし、著作権法においても、改変が認められる場合として、著作権法第20条2項四号の示すように「著作物の性質並びにその利用の目的及び態様に照らしやむを得ないと認められる改変」はありうるわけですから、そのような面からも配給元の理解を求める必要があると考えます。

（参照：著作権法第20条2項四号）

Q71 差別用語（不適切用語）の処理は

かなり古いテレビ番組や映画には、差別用語（不適切用語）が使われているケースが多々あります。当時はOKでも現在の基準にあてはめると、放送は不可能ではないかと思われるような語句の場合、これらの作品を再放送・DVD化する際には、どのように処理するのが法律的に適切なのでしょうか。
作品の冒頭に「本作品には不適切と思われる台詞が使われていますが、作品のオリジナリティを尊重して、そのまま放送します」等の"お断り"テロップをつけるケースが多いのですが、このことで責任を免れるのでしょうか。また、仮に差別用語を編集でカットする場合、監督（著作者）の許諾は必要でしょうか。

A 同一性保持権は当該著作物の著作者に専属するものですから、この場合の演出家が番組（映画）の著作者であると仮定すれば、当然その了解を得なくてはならないと考えます。

ただ、著作者が死亡しているケースも多いでしょうし、脚本の著作者にも関係してくる場合もあるので難しい問題です。"お断り"テロップですべての責任を免れるとは思いませんが、テロップを出すことで、とりあえずのエクスキューズを表明している、というのが現状なのではないでしょうか。

やむを得ず編集でカットしたり音声を消す場合は、「著作物の性質並びにその利用の目的及び態様に照らしやむを得ないと認められる改変」と認められる余地があるのかもしれません。

（参照：著作権法第20条2項四号）

Q72 放送コードの法的根拠は

日本でテレビ番組を放送する際、"自主規制"の目安として「番組基準」いわゆる「放送コード」なるものがあります。一般的には「放送に用いるのに不適切な言葉や表現、内容」を放送事業者が"自粛"するものですが、その「放送コード」によって劇映画のシーンや台詞を著作者に無許諾でカットすることは、著作権法に抵触するはずです。古い映画などでは著作者が死亡しているケースも多く、許諾を取ることが難しい場合、どのように処理するのが適切でしょうか。また、そもそも放送コードに法的な根拠はあるのでしょうか。

A 質問に書いてある通り、放送コードは放送事業者が自己の報道、表現の自由を守り、ほかからの不当な干渉を受けないように自らを律する、あくまでも"自主規制"のルールとされていて、映画界における「映画倫理網領」と同じ趣旨のものです。

放送コード（番組基準）は、放送法で以下のように定められています。

放送法　第5条　（番組基準）
　　放送事業者は、放送番組の種別（教養番組、教育番組、報道番組、娯楽番組等の区分をいう。以下同じ。）及び放送の対象とする者に応じて放送番組の編集の基準（以下「番組基準」という。）を定め、これに従つて放送番組の編集をしなければならない。
2　放送事業者は、国内放送等について前項の規定により番組基準を定めた場合には、総務省令で定めるところにより、これを公表しなければならない。これを変更した場合も、同様とする。

つまり放送事業者が、"自主規制"のルール「番組基準」を作ることを放送法は定めており、そのルール自体は事業者の裁量に任せています。し

かし、どの放送事業者の番組基準も、押しなべて同じような内容で、またきわめて抽象的な言葉で書かれており、実際にどのような映像表現が「放送コードに引っかかる」のか、どこまでが適切でどこからが不適切なのかは明示されていません。

　例えば日本放送協会の番組基準には「表現」の基準として下記のように書かれています。

　　第1章　放送番組一般の基準
　　　第11項　表現
　　　4　人心に恐怖や不安または不快の念を起こさせるような表現はしない。
（日本放送協会HP「日本放送協会国内番組基準」より）

　この一文を厳格に解釈すれば、怪談やホラー映画、表現次第ではミステリーやサスペンスドラマの放送はできないことになってしまいそうです。更にいえば「恐怖や不安または不快の念」は、人それぞれで感じ方がまったく異なるものであり、一体何を「基準」にすればよいのか判断に苦しみます（不適切用語に関しては、番組基準には具体的に書かれていませんが、各放送局が社員や演者、外部スタッフに配布する資料等で明示されています）。

　番組基準は「いわば放送番組を制作するときの憲法とも言えるもの」（日本放送協会HP「日本放送協会国内番組基準」より）とされているにもかかわらず、このように、きわめてあいまいな言葉で書かれた「基準」で運用されており、その「基準」も社会情勢の変化によって解釈が変わってしまうこともあります。

　質問のように、法律である著作権法と自主規制のルールに過ぎない放送コードのどちらを優先すべきかという問題は、今後の日本の放送業界の課題として、大いに論じられるべきだと思います。

　ちなみに著作者死亡などで許諾を得ることが難しい場合は、著作権法第20条2項四号の「やむを得ない改変」として法的に処理しているようです。

（参照：著作権法第20条2項四号）

「著作権の制限（引用と使用）」

Q73 映像を引用する場合の「正当な範囲」は

映像を「引用」することは可能ですか。また可能なら、著作権法でいう「正当な範囲」とはどの程度なのですか。

A ほかの著作物と同様に、引用の要件を満たすことが必要です。引用する側の映像において、報道、批評、研究その他の目的を達成するために、引用される側の必要最低限の映像を「引用」の形で利用することができます。

引用する側の映像が、何のために映像を引用しようとしているのかを明確に把握し、引用される側の著作物については必要な範囲を拡大解釈して、その鑑賞自体が目的となったりすることがないよう注意しましょう。

引用についての判例は数多くあります。これは書籍の問題ですが、「正当な範囲」について触れている判決に「『絶対音感』事件」控訴審判決があります。原審では「正当な範囲」とは認められなかったものについて、「音楽とは何か、人間とは何か、という最終テーマと密接に関連し、同テーマについての記述について説得力を増すための資料として、著名な指揮者・作曲家の見解を引用・紹介したものであるということができ、かつ引用した範囲、分量も本件書籍全体としてことさら多いとはいえない」として、引用の目的上正当な範囲で行なわれたものと評価しています。

また、引用の場合、その出所の明示が求められています（著作権法第48条1項）。出所明示がされないからといってそれが直ちに、著作権侵害ではないとされていますが、同判決は出所の明示が慣行となっており、これを欠くことが「公正な慣行」に合致するという引用の要件を欠くことになるとしています。

（参照：著作権法第32条、第48条1項）

> **参考判例**
> ●「『絶対音感』事件」
> 原　審　東京地裁平成13年6月13日判決　請求一部認容、一部棄却
> 控訴審　東京高裁平成14年4月11日判決　控訴棄却、附帯控訴棄却

Q74 報道における適法引用の可否

企業の風力発電事業に関するニュースを全国放映した際に、北海道の風力風車の写真2枚が使用されました。写真家は放送事業者と記者を、無断使用による著作権侵害とトリミングされたことでの著作者人格権侵害の両方で提訴しました。これなどは報道のための適法引用にならないのですか。

A　質問は実際に起こった事例です。この事件では、被告はこの写真の利用は報道のための（著作権法第41条の定めにより許されている）「時事の事件の報道のための利用」の適用を受けると抗弁しているようです。

判決は、この場合、利用された写真の著作物は第41条にいう「当該事件を構成し、又は当該事件の過程において見られ、若しくは聞かれる著作物」には該当しないと判断しています。

また二審では、事件の正確な報道という観点から、一定程度緩やかに著作物の利用を認めるべきであるとしても、その利用を「相当するだけの関連性を要する」と解すべきところ、この事案では関連性を見出すことができないとして、被告が敗訴しています。また利用された写真はトリミングされているもので、その程度もかなり大幅なものだったところから、著作者人格権の侵害も認めたようです。

「時事の事件の報道」というのは、過去の記録的価値というようなものでなく、その時点におけるニュースとして価値をもつものであるかということが判断になると考えられ、また鑑賞的な価値をもっぱらにするものは

含まれないと考えられます。

　第41条にいう当該事件を構成する著作物というのは、よく例に引かれるように、名画の盗難事件における当該絵画をいい（Q6参照）、当該事件の過程において見られもしくは聞かれる著作物とは、スポーツ行事の報道で、その行事中に演奏された音楽などが該当すると一般に説明されています。

　いずれにせよ、報道のためであるからといって、安易に他人の著作物を利用することはできないと考えるべきでしょう。

（参照：著作権法第20条1項、第32条、第41条）

参考判例

●「NHKニュース番組の写真無断使用事件」
原　審　札幌地裁平成22年11月10日判決　請求一部認容、一部棄却
控訴審　札幌高裁平成23年11月18日判決　変更（損害賠償額増額）
上告審　最高裁（二小）平成25年3月27日決定　上告棄却

●「『山口組五代目継承式』ビデオの一部放映事件」
大阪地裁平成5年3月23日判決　請求棄却
（ビデオの一部をニュースで放送したことが「時事の事件の報道のための利用」にあたるとして著作権侵害が否定された事例）

Q75 他局の政治ニュース番組を引用できるか

他局で放送された政治討論番組で、ある政治家の発言が物議をかもし、国会でも取り上げられました。その発言内容を伝えるためのニュース番組で、その政治討論番組の一部を、その局に無断で放送することは引用にあたるでしょうか。

A　質問の趣旨から見て「引用」の問題というよりは、むしろ著作権法第40条の「政治上の演説等の利用」の問題ではないでしょうか（Q6参照）。そのように考えますと、政治家の発言が、政治上の方向に影響を与える意図をもって自己の意見を述べたものである限り、その利用

が認められます。

「引用」の問題だとすれば「公正な慣行に合致するものであり、かつ、報道、批評、研究その他の引用の目的上正当な範囲内で行なわれるものでなければならない」(Q74参照)ことはいうまでもありません。

今回のケースでは、ニュース番組で取り上げるということなので、報道目的での利用となり、引用にあたると考えられます。ただし、引用の重要な要件である「明瞭区分性」には十分配慮する必要があります。具体的には、放送前に「○月○日××放送局で放送された△△番組でのA氏の発言です」等のアナウンスは不可欠でしょうし、引用する映像には縁取り等の画面処理をし、更にテロップでの補足（出所明示）も必要になるでしょう。また、その発言以外の部分は放送できません。これは「目的上正当な範囲」を逸脱する恐れがあるからです。

ただし、以上はあくまでも理論上の話で、「公正な慣行に合致する」かどうかは、未解決の問題が多いと考えます。実務上はその放送局の許諾を得ることが慣習となっています。

(参照：著作権法第32条、第40条、第41条)

Q76 映像とテーマ音楽、BGMの同時引用は

あるテレビドラマのワンシーンを「引用」する際、そのシーンにBGMとして流れている曲も同時に使用したいのですが、問題ないでしょうか。

A 基本的に映像と音楽は別個の著作物です。しかし、ドラマを映画の著作物として考え、画と音が一体のものであると考えた場合は、適法と考えられます。

(参照：著作権法第32条)

Q77 音声、音楽を引用する場合の「正当な範囲」

音声や音楽を「引用」することは可能ですか。また可能なら、著作権法でいう「正当な範囲」とはどの程度なのですか。

A 可能です。ただし引用として許されるのは、報道、批評などの引用の目的に照らして必要な部分でなければなりませんから、本当に音声として引用する必然性があるのかを検討する必要があります。

特に音楽などの場合には、楽譜の使用で足りるのではないか、一部の使用で足りるのではないか等を十分に検討する必要があるでしょう。「正当な範囲」は、引用の目的に照らして必要かどうかによるものであって、一般的な分量での区分けはできません。少なくとも、その音楽を引用する結果、音楽を部分的に鑑賞しうる結果になるからといって、それだけで引用が不適法になるわけではありません。

(参照:著作権法第32条)

Q78 新聞紙面・雑誌誌面のインサートは自由に行なえるか

ドキュメンタリー作品を作るとき、新聞紙面のヘッドライン等を撮影してインサートすることがよくあります。新聞紙面には著作権がないので、自由に使えると聞きましたが、本当ですか。また書籍や雑誌の誌面ではどうでしょう。

A 新聞の紙面、雑誌の誌面の構成は、新聞社、あるいは雑誌社の編集著作権があります。また、その中に構成されている文章、あるいは写真部分には、新聞社または個々の著作者の著作権があります。書籍の場合には、出版社に版面権はなくても、著作物自体に著作権があります。

それらの著作権の保護期間が消滅していなければ自由には使えません。

　しかしヘッドラインしか読み取れないときは、ヘッドラインに著作物性がない場合に限り、著作物の利用にはなりません。もちろん映像への利用であっても、「引用」の基準を満たしていれば使えます。例えば、「当時、新聞は事件をこのように報じた」などの論証に使うことは引用になる場合があるでしょう。

(参照：著作権法第12条、第32条)

Q79 朗読による引用は可能か

作品内で書籍等の出版物を朗読する場合、どの程度までなら引用と認められますか。

A　朗読は著作権法上、言語の著作物の著作者の口述権にかかわります。文章の場合と同じで、報道、批評などの目的に照らして必要かどうか、必要かつ最低限であれば適法引用です。

　もちろん、出所明示の義務があります。著作物名、著作者名を告げる必要があるのはいうまでもありません。

(参照：著作権法第2条1項十八号、第24条、第32条)

Q80 昔の観光用映像の利用は

世界遺産に指定された地域のドキュメンタリーを製作しています。その際、その地域が観光用として製作した昔の映像から、夏祭りのシーンだけ抜き出して使用したいと考えましたが、適法な引用になりうるでしょうか。

A その映像の著作権が存続していることが前提となってのことですが、結論からいえば難しいと考えます。そもそも、当該ドキュメンタリーの中で使用することが、報道など引用の目的上正当な範囲のものであるかが吟味されなければならないと考えます。

もちろん引用の要件は言語の著作物でも映像の利用でも変わらないと考えます。一連の流れの中に映像が挿入される場合などは、引用される映像との主従関係や、明瞭区分性などがあいまいにならざるを得ないのではないでしょうか。その映像素材を取り込む行為は引用の概念にあてはまらないとされます（Q73参照）。

(参照：著作権法第32条)

参考
● 作花文雄著『著作権法―基礎と応用―』

Q81 市販されている地図の利用は

番組で市販されている地図をインサートすることは、著作権の問題にならないのでしょうか。
例えばバラエティ番組で、地図を見ながらある場所を訪ねていく、といったシーンを撮影する場合、市販の道路地図を見ているタレントの顔と、地図のアップをカットバックさせます。その場所を視聴者にわかりやすく説明するため、地図をクローズアップするのですが、地図の出版社の許諾は必要でしょうか。

A 地図は通常著作物と考えられています。著作権法では第10条1項六号で著作物として例示されています。もちろん地図はその性質が高度のものから、著作物性を否定せざるを得ないようなものまで、その幅は広く、一概には答えることは難しいのですが、質問の例のような場合は地図の著作物としての利用と考えます。従って原則は地図の著作権者の許諾が必要と思われます。ただし地図は、現実の地形等を正確に表現することが目的ですから、おのずと表現の幅は狭く、著作物性は情報の選択とか、その表現にあるとされます。従って、無個性的な誰が表現しても同一となるような地図を利用しても、それは地図の著作物性を侵害したことにはならないでしょう。

(参照:著作権法第10条1項六号)

Column

著作権法第10条1項
この法律にいう著作物を例示すると、おおむね次のとおりです。
　六　地図又は学術的な性質を有する図面、図表、模型その他の図形の著作物

(二瓶)

> **参考判例**
>
> ●「史跡ガイドブック著作権侵害事件」
> 東京地裁平成13年1月23日判決　請求一部認容、一部棄却
> （地図の著作物性を認めた部分について複製権の侵害を認めた）
>
> ●「『富山市・高岡市住宅地図』事件」
> 富山地裁昭和53年9月22日判決　請求棄却
> （素材の選択、配列、表現方法を総合したところに地図の著作物性を認めた事件）

Q82 番組宛ての手紙・メールの無断公開は

番組で、ある政治家の著書と演説を適法な範囲で引用し、その内容を批判する放送をしたところ、その政治家の秘書から著作権法違反であると抗議メールがありました。著作権法には違反していないはずなので、その抗議メールの全文を引用した上で、反論を番組上で行ないたいのですが、問題はあるでしょうか。

A たとえ政治家であっても、その著書を批判の対象にする場合は、著作権法上、適法な引用でなければなりません。しかし一方、政治家が公開の席で行なった政治上の演説は、「引用」の形をとらなくても自由に利用できます（Q6、75参照）。ただし演説集のような形で、ひとりの政治家の演説をまとめた場合は、著作権は制限されませんので、許可を得なければなりません。質問のような場合、演説の利用は自由ですし、著書にしても批判の対象にするのに必要な限度で利用したということであれば、問題はないはずです。抗議してきた秘書のほうが間違っています。

ただし抗議メールは私信です。「引用」は公表された著作物に適用されるルールですから、私信は「引用」の対象にはなりません。引用ではなく「こういう抗議が来た」という形で内容を紹介し、反論したらいかがでしょう。

(参照：著作権法第32条、第40条)

Q83 コンサート撮影の制限

ある演奏会場で、録音や録画をしないようにとの注意がありました。演奏者はアマチュアのオーケストラなので禁止しなくてもよいと思うのですが、そのような権利があるのでしょうか。

A 会場や主催者の管理面からの制限の有無はひとまずおき、演奏者にはそのような録音、録画を禁止する権利があります。法律の上では、演奏者は実演家と位置付けられています。

実演とは「著作物を、演劇的に演じ、舞い、演奏し、歌い、口演し、(中略) をいう」としています(著作権法第2条1項三号)。そして実演家とは「俳優、舞踊家、演奏家、歌手その他実演を行なう者」としています。そしてここでは、実演家はプロであることを要しません。そして実演家は「その実演を録音し、又は録画する権利を専有する」としています(著作権法第91条)。従ってアマチュアの演奏家の演奏であっても、許諾を得ないでその演奏を録音、録画をすることはできないわけです。

(参照：著作権法第2条1項三号、第2条1項四号、第91条)

「著作隣接権」

Q84 スポーツパブでのテレビ中継はよいのか

スポーツパブやレストラン、居酒屋などで、[巨人戦　中継してます]とか[ワールドカップ　中継してます]、[競馬中継中]等の張り紙をして、地上波・BS・CS放送を見せている店が最近増えましたが、合法なのですか。競馬場周辺の喫茶店などでは、明らかに競馬中継を見せることで商売が成り立っている店が数多くあり、放送局の許可を得ているようにはどうしても見えないのですが。
また、そういった店では中継する試合がないとき、テレビから録画した試合のビデオを流していますが、これも合法なのでしょうか。

A テレビジョン放送事業者、つまりテレビ放送局には法律上テレビ放送の「伝達権」が認められています。ただしこの権利が及ぶのは、放送を受信しその映像を拡大して多数の人に見せるというような特別な装置を用いる場合で、よく街で見かけるように、通常の家庭用の受信機を店におき、放送をお客にサービスで見せるというような場合を除いています。

従って質問のようなサービスは合法といえます。ただ質問の後段にあるような、いったん録画したテープを、放送のないときにお客さんに提供することは問題があります。放送局には放送についての「複製権」があり、放送の録音、録画及び写真複製に関して無断でそれを行なうことを禁止できる権利を有しています。例えばその店の店主が、自分個人で楽しむために録画することは合法ですが、それをお客に見せたり、DVDに複製して売ったりすることは、放送局に無断ではできません。

(参照：著作権法第98条、第100条)

Q85 歌番組でのCMやアーカイブのインサート利用

弊社所属のタレントが歌番組で歌っている際に、まったく別の番組に出たときの映像やコマーシャル映像がインサートされました。このような映像の利用は許されるのでしょうか。

A タレントが歌番組に出演していることから、このタレントは著作権法上「実演家」として保護されることになるわけです。別の番組に出演したときの当該タレント（実演家）の実演が、映画の著作物に録音録画されることを許諾したものである場合ですと、その映画の著作物の利用は、映画の著作権者の権利ですから、その許諾を得ることができれば利用可能となります。

実演家の過去の映像が映画の著作物でなかった場合、つまり放送された映像の一時固定されたものを使用する場合は、実演家から改めて録音録画の許諾を得なければなりません。

(参照：著作権法第91条)

Q86 実演家の人格権と著作者の人格権の違いは

実演家にも人格権が認められていますが、著作者の人格権と異なるのですか。

平成14年（2002年）の著作権法の改正により、実演家に人格権が認められました。

その内容は、著作者人格権の公表権を除く、氏名表示権と実演の同一性保持権です。

公表権が除かれた理由は、実演は生で行なわれる実演を考えれば「実

演」即「実演の公表」となりますから、この場合、公表権が問題になることは考えられませんし、映像やCD等の実演の固定物についても、本来実演の公表を目的に販売や公表が行なわれるものであり、特に実演家の公表権を認めなくても、その人格権的権利を確保する機会はあろうかと考えられるからです。その一方、氏名表示、実演の同一性の保持については、ほぼ著作者の人格権と同様な保護が与えられています。ただし、氏名表示については「利益を害する恐れのないと認められるとき」「公正な慣行に反しないと認められるとき」には、氏名表示を省略することができるとしています。つまり、著作者の氏名表示よりも広く省略することを認めていることになります。

　同一性の保持については、著作者の持つ同一性保持権が「その意に反して」変更、切除が行なわれないものとしているのに対し、実演家の場合は「名誉又は声望を害するその実演の変更、切除その他の改変を受けない」としているところが異なります。つまりそこには、客観的判断に委ねることができるとされているところが、主観的な判断で権利の行使が可能となる著作者の同一性保持権のあり方と異なるところです。

　著作権法の改正に際しては、人格権の行使について、映連（日本映画製作者連盟）、日本映像ソフト協会と芸団協（日本芸能実演家団体協議会）間の協議が続けられたようですが、ここでは映画等における氏名表示や、映画編集、テレビ放映の際の再編集などについておおむね従来の方法が了解されているようです。

（参照：著作権法第90条の2、第90条の3）

Q87 歌舞伎の「型」は保護の対象か

歌舞伎俳優、例えば団十郎の演ずる「型」は、実演家の録音録画権で保護されますか。

A 俳優即ち実演家の録音録画権は、ある時点でのその実演家の実演が、承諾なくして録音録画されることを禁止する権利であって、いかに特異なものであっても、一般的に演技の型等を保護するものではありません。

(参照：著作権法第91条)

[肖像権・パブリシティ権]

Q88 故人の有名人の写真の利用は

作中で、すでに亡くなった有名人の写真を使う場合、肖像権などの処理は必要ですか？
例えば、アインシュタインに心酔する主人公が部屋にアインシュタインのポスターを貼り、ことあるごとに、そのポスターに向かって話しかけるシーンを演出する際、ポスターのアップを撮ることは不可避です。写真の著作権はクリアにしたとして、その他の権利処理は必要でしょうか。
夏目漱石、吉田茂、マッカーサー、黒澤明、マイケル・ジャクソン等の場合はどうでしょう。

A 人格権に根拠をおく肖像の使用については当然一身専属の権利であり、この権利行使は本人に専属するものです。従って、故人となった人の肖像を利用することは原則自由です。ただし故人となった人の名誉声望を損するような使用については、肖像権の問題ではありませんが、遺族の故人に対する敬虔感情の侵害を認めた判決（「『落日燃ゆ』事件」第一審判決）は参考となるでしょう。

なお、いわゆる「有名人」については、一般人に比べて肖像権の保護がされない機会は多いといえるでしょう。質問に例としてあげられているようなケースは自由に利用可能と考えますが、アメリカでは、死後も肖像権を保護する州がありますのでご注意ください。参考としてQ46「絵画の写り込みは」の回答も参照してください。

参考判例

● 「『落日燃ゆ』事件」
東京地裁昭和52年7月19日判決　請求認容
注　ドイツ美術著作権法(旧)では、承諾なしに肖像を流布、展示できる場合として「現代史の領域からの肖像」があげられていた。

Q89 有名人の名前の利用は

作中で有名人の名前を使う際、権利処理は必要でしょうか。
例えば登場人物の役名やニックネームとして、「浪速の田中角栄」「琉球の萩本欽一」「北海のデーブ・スペクター」等、使用する際に本人や遺族の許諾は必要なのでしょうか。

A 有名人の名前は、社会的に一定の評価を得て、その人物の性格や容貌を一般に知らしめている一種の象徴とも考えられます。従って同様な性格や容貌を持つ人の形容として、有名人の名前を引き合いに出すことは、一般常識の枠内においてはやむを得ない事象かと思われます。

Q90 個人が撮ったニュース映像のブログ掲載

たまたま事件に出会い、それを携帯のムービーで撮り、すぐさま自分のブログに公開したとします。その場合、個人であっても、著作権法でいう「事実の伝達に過ぎない時事の報道」といえるのでしょうか。肖像権、プライバシー権、個人情報を保護する法律などで、マスコミの報道より厳しく制限されるのでしょうか。また、それをいつまでも自分のブログに掲載してかまわないのでしょうか。

A 著作権法第10条2項では「事実の伝達にすぎない雑報及び時事の報道は、前項第一号に掲げる著作物（注：小説、脚本、論文、講演その他の言語著作物）に該当しない」としています。事実の伝達にすぎない時事の報道とは、いわゆる人物往来、死亡記事、交通事故、火事などの日々の短信を指すものと解されています。これらは書いた者の個性とは

関係なく表わされるものであるからです。これはあくまでも言語的表現の話であって、映像の場合はその映像の著作物性の有無の問題となります。

　自己の考えで映像が撮られている限り、著作物性を否定することは難しいでしょう。従ってそれはあなたの著作物であり、著作権は自己のものとなりますから、自分のブログに掲載することは自由です。また、その期間を問いません。

　ただし肖像権その他の人格権については、マスコミの報道であれ、個人の発表であれ差異はなく、これらには十分配慮が必要なことはいうまでもありません（Q54参照）。

（参照：著作権法第10条2項）

Q91 保護期間満了の映像の肖像権は

映像の保護期間が過ぎた場合、そこに映っている人の肖像権も同時に切れたと思ってよいのですか。

A　肖像権は個人の人格に由来するものですから、映画の著作権の保護期間とは何ら関係ありません。従って肖像を使用するについては、あくまでもその使用が適法のものであるかどうかが問題となるだけです。

Q92 建築物や電車にパブリシティ権があるか

弊社は広告制作プロダクションです。不動産のCMを作る際、東京を象徴するイメージとして、東京スカイツリーや東京タワー、浅草寺や都庁、有楽町を走る新幹線などの映像（遠景）を使いたいと考えています。JRやそれぞれの建物の所有者の許諾は必要でしょうか。

A 質問の場合、許諾は必要ないと考えます。仮に建築の著作物であるとした場合でも、屋外の場所に恒常的に設置されているものについては原則として利用は自由です（著作権法第46条）。

またパブリシティの権利を人格権的にとらえる限りにおいて、否定せざるを得ないでしょう。

しかし、有名競走馬の名前を冠したゲームソフトの販売差止請求事件においては、有名人の顧客誘引力を競走馬にも認めた判決があります。同様な事件についてこれを認めなかった判決もあり、学説も肯定、否定の両説があります。

(参照：著作権法第46条)

参考判例

● 「名馬の名前パブリシティ権事件」
原　審　名古屋地裁平成12年1月19日判決　請求一部認容、一部棄却
控訴審　名古屋高裁平成13年3月8日判決　変更
上告審　最高裁(二小)平成16年2月13日　一部破棄自判、一部上告棄却

● 「名馬の名前パブリシティ権事件(ダービースタリオン)」
原　審　東京地裁平成13年8月27日判決　請求棄却
控訴審　東京高裁平成14年9月12日判決　控訴棄却
（いわゆるパブリシティ権は人の人格権に由来するものとして、競走馬という物について認めることはできないとして否定）

Q93 被取材者の意図に反した編集は許されるのか

報道番組のインタビュー取材を受けた際、ある事柄に賛成の立場で意見を述べたのに、賛成には慎重で、受け止め方によっては、あたかも反対をしているかのような内容に編集され、放送されてしまいました。この場合、テレビ局の責任を問えるでしょうか。

A 近年話題となった事件に、太平洋戦争当時の「従軍慰安婦問題」を市民団体が模擬法廷で裁く催しの中で、有罪とした対象を報道が一部カットして放送したのに対し、市民団体が放送局等を相手として、いわゆる「期待権」（取材された事実及び取材者の言動から、かくかく報道されるであろうという期待感）が侵害されたとして、損害賠償を求めた事件があります。

この裁判では、製作会社には賠償責任を認めましたが、放送事業者にはこれを認めませんでした。控訴審においては、この報道における政治的圧力があったとして、放送事業者を含め原告の主張を認めましたが、最高裁判所第一小法廷において、いわゆる「取材を受けた者の内心の期待権なるものを認めれば取材活動の萎縮、ひいては報道の自由の制約につながる」として「取材対象者の抱く期待、信頼を法的に保護に値するものを認める余地はない」として上告を退けています。

類似の事件として、ニュース映画に意に反したナレーションがつけられたとして、撮影された国鉄バスの車掌（当時）が、ニュース映画の編集報道を行なう者を相手取り、慰謝料の支払いを請求した事件があります（「ニュース映画による名誉棄損事件」）。裁判所は、原告が期待したように編集されなかったことは認めましたが、撮影を承諾していたこと、名誉毀損があったというためには主観的な感情だけではなく、通常人もそのように意識することが必要であるとして、訴えを退けました。しかしこの判決には反対や、多くの疑問が呈されています。

> **参考判例**
>
> ●「慰安婦法廷番組の改変事件」
> 原　審　東京地裁平成16年3月24日判決　請求一部認容、一部棄却
> 控訴審　東京高裁平成19年1月29日判決　一部変更、一部控訴棄却
> 上告審　最高裁（一小）平成20年6月12日判決　破棄自判、追加請求棄却、取消、附帯上告棄却
>
> ●「ニュース映画による名誉棄損事件」
> 広島地裁昭和37年2月27日判決　請求棄却

Q94 公開放送の観覧者、素人参加番組の出演者の肖像権は

バラエティ番組や舞台中継などのいわゆる公開放送では、観覧者の映像をカットインしますが、それらの番組をDVD化する際、観覧者の肖像権はどのように考えればよいのでしょうか。

観覧者一人ひとりにDVD化の許諾を取ることは、現実的にまったく不可能にもかかわらず、DVD化後、その観覧者からクレームをつけられることが考えられます。スポーツ中継の場合も、応援する観客の映像をインサートすることが多々ありますが、ハイビジョン放送ではかなりロングの映像でも個人の特定が可能で、プライバシー侵害を主張されかねません。また、素人参加番組の出演者の場合は、当然DVD化の許諾が必要と考えますが、連絡が取れない出演者も多く対応に苦慮しています。

DVD化だけでなく映像コンテンツのアーカイブ利用が増えつつある昨今、肖像権やプライバシー権などの「個人の権利」について、どのように考え、対処すればいいでしょうか。

A 　いずれも公開の場での肖像については、肖像の秘匿性を放棄していると考えます。集会、公の行事への参加の場合は、比較法的には多くの国においてその違法性がないとされています（五十嵐清著『人格権法概説』より）。ですので競技場などでの観客の映像は、たとえハイビジ

ョン放送で一人ひとりの顔が明瞭にわかったとしても問題ないと考えます。

　バラエティ番組などの観覧者についても、公開放送を観覧する以上、テレビに映ってしまう可能性は十分に考えられるわけで、肖像の秘匿性を放棄しているとも思えます。しかし、肖像権の問題は未解決の部分が多く、またプライバシー侵害の問題もあるので注意が必要です（Q98参照）。

　実務上は、個人が特定できるようなカットは外すかボカシを入れる、よく見れば個人の顔がなんとなくわかる程度のものならばそのままにする、等の方法をとっています。

　素人の出演者に関しては、プロ、アマを問わず実演家の録音録画権が働きますから、承諾を得ることが必要になります。その許諾があれば、肖像権の問題もおのずから解決されます。

　出演者の連絡先が不明の場合、番組、ホームページ等で告知する方法が取られているようですが、質問にもあった通り、実際には難しいようです。

（参照：著作権法第91条）

Q95 写り込んだ「個人情報」は

屋外で行なう収録番組の場合、たまたま通りかかった人や自動車のナンバープレート、家屋の表札など、個人を特定できる情報が写り込んだ際に、個人情報保護のため編集でモザイク処理をするようプロデューサーから求められ、それが最近では当たり前になっています。
しかしニュース番組等の生中継の場合、それらの情報は当然そのまま放送されてしまいますが、これらは個人情報を保護する法律に反し、プライバシー権の侵害にもあたりませんか。

A　録画であろうが生中継であろうが、個人の人格権、例えば肖像、氏名の使用に配慮すべきは当然です。従って放送する側は承諾を得る必要があります。またたとえ承諾を得るとしても、条件を過不足なく

伝える必要があると思います。

　しかし、生中継でたまたま写り込んでしまうことは事実上避けられませんし、"生"であるので当然、承諾を得る前に放送されてしまいます。実務上は、路上などの公の場で生中継をする際、表札やナンバープレートなどは極力写さないよう（アップで撮らないように）配慮する。また、「生放送中」などと書かれた看板を掲げ、撮影中であることを周知させるなどの方法が取られていますが、そのことでこの問題が解決するとは思えません。

　ちなみに法律上、個人情報とは、生存する個人に関する情報であり、その情報に含まれる、氏名、生年月日その他の記述により、特定の個人を識別できるという内容のものであって、質問にある映像がそのようなものを含まないものである限り、個人情報の侵害にはなりません（Q96参照）。

参考判例

●「『みのもんたの朝ズバッ！』プライバシー侵害事件」
東京地裁平成21年4月14日判決　請求一部認容、一部棄却

　殺人事件現場からの生中継中に、たまたま現場近くで作業中だった清掃員の男性に対して、撮影を拒否したにもかかわらず、司会者の指示で強引にインタビューを行なったアナウンサーの行為は、男性の肖像及びプライバシー権の侵害だとして、男性が放送を行なったTBSと番組の司会者であるみのもんたに対して損害賠償を求めた事案。

　東京地裁は「何人も、みだりに他者からその容貌を撮影されたり、職業等の個人情報を公表されないことについて、法律上保護されるべき人格的利益を有するというべきである」とし、「原告が収集車の運転手をしていることを広く社会一般に報道して公開したものであるから(中略)、原告の肖像権を侵害しただけではなく、原告のプライバシーをも侵害したものというべきである」として、男性の請求を一部認めた。

Q96 写り込んだ「プライバシー」は

インターネットで、地図上のある地点を画像で見ることができるサイトがありますが、その一枚にアパートのベランダに干してあった女性の洋服や下着が写っていました。これはプライバシーを侵害し、個人情報を侵害したことになるのですか。

A 公道からの撮影であって、ベランダに洋服あるいは下着らしいものが写っている、そしてそれが特定の個人のものであると判別することができない限り、プライバシーの侵害とは考えられません。

また法律上個人情報とは、生存する個人に関する情報であり、その情報に含まれる、氏名、生年月日その他の記述により、特定の個人を識別できるという内容のものであって、質問にある画像がそのようなものを含まないものである限り、個人情報の侵害にもなりません。

参考の事件では裁判所は同様の判断を示しています。ちなみにサイト運営社は原告の申し出で画像を削除したようです。

参考判例

●「『ストリートビュー』プライバシー権侵害事件」
原　審　福岡地裁平成23年3月16日判決　請求棄却
控訴審　福岡高裁平成24年7月13日判決　控訴棄却
上告審　最高裁(三小)平成26年3月4日決定　上告棄却

Q97 過去のニュース映像での肖像権処理は

過去のニュース映像を使用する際、映っている人物全員の許諾を取る必要がありますか。古いものでは事実上不可能だと思うのですが。

A 著作権の問題ではなく肖像権の問題ですから、理論上、未解決のものもあります。しかし、結論としてはプライバシーに触れない限り、承諾は不要で使ってよいと思います。

まず、群衆の中の一人ひとりについて、個々の肖像権と同一視して、権利を認めるべきか否かという問題があります。

また、引用として映像著作物の利用ができる場合に、肖像権は別だといいうるのかという問題があります。

Q98 報道目的とはいえ個人の無断撮影は許されるのか

ゴールデンウィーク明け、東京駅前で信号待ちをしているときに、大あくびをしている姿を知らぬうちに撮影され、昼のニュースで放送され恥をかきました。私の顔がはっきりわかる映像で、「ゴールデンウィーク明け　お疲れのお父さん」といった内容のニュースでした。撮影と放送について放送局は私の許諾を取っていません。また、私はゴールデンウィーク中もずっと仕事をしており、事実とも違います。これはプライバシー権や肖像権の侵害にならないのでしょうか。

A かつて肖像は、肖像本人に無断で公表されないという面からの保護がもっぱらでした。しかし、写真機材の発達、カメラの小型化が進み、誰もが容易に本人に無断で撮影が行なえるようになるに従い、

肖像の固定、撮影という面からの保護が必要となってきました。

　最高裁は判例で「個人の私生活上の自由のひとつとして、何人も、その承諾なしに、みだりにその容貌、姿態を撮影されない自由を有する」との判断を示しています。

　しかし一方には公共の目的、あるいは報道の自由といった面から、あるいは風景写真の点描としての人物、公開の集会や、行列に参加している場合など、撮影や公表が許される場合があります。

　質問の場合は、報道の自由といった面からの無断撮影と見ることができますが、この場合でも、表現の自由と人格権との調和が問題となります。ゴールデンウィーク明けの駅前で信号待ちをしている群衆のひとりとしての撮影であればともかく、特定の個人とはっきりわかる形で、しかも真実と異なる報道がされていることについては、事実の公共性、目的の公共性等の面からの吟味が必要とされると考えられます。無断で特定の個人を撮影し、揶揄的に報道することは許されず、肖像権の侵害となると思われます。また、進んでは、名誉毀損の問題ともなりかねない事例と思われます。

　ちなみに、肖像の撮影、公表をプライバシー権の一部と考える考え方と、プライバシーといわゆるパブリシティ権を含めて、肖像権ととらえる考え方があります。

Q99 タレントグッズ、キャラクター文具の撮影に許諾は必要か

ドキュメンタリー番組等で手紙をアップで撮ることがあります。その手紙がアニメなどのキャラクターが描かれている便箋、いわゆるキャラクター文具の場合、撮影時にキャラクターがどうしても写り込んでしまいます。キャラクターの権利者の許諾は必要でしょうか。
また、取材対象者の思い出の品として、愛用していたアイドルタレントの下敷きを撮影する場合はいかがでしょう。

A キャラクターが描かれている場合、そしてそれが著作物の複製物であるとして考えますと、質問のようにそれを許諾なしに撮影することは、図式的形式的には美術の著作物の複製が行なわれ、当該美術の著作物の著作者の複製権を侵害したように思えます。

　しかしこのような状況を、著作権侵害が行なわれたと考えることは、むしろ社会の一般感情として不自然と思うのが普通ではないでしょうか。例えばこのようなこともありうると思います。わが子を撮影する。その子が大好きなキティちゃんのぬいぐるみを抱えている。それを自分のブログに載せる。ではそれはキティちゃんが美術の著作物の複製物だとして、その著作者が有する送信可能化権の侵害と見るのでしょうか。この問題は著作物の意図しない「写り込み」の問題に類似します（Q46参照）。更にこの場合、それが著作物自体でなく、著作物を利用した工業製品である場合です。工業製品化されている場合は多量に"物"として生産され、あらゆる場合「写り込み」がされる機会は多大であることを予想できることから、それらが「著作物の実質的な利用」にあたらないと考え、著作権侵害は排除されると考えるのが妥当な判断と思います。

　ただし、このようなケースがストレートに権利侵害にあたらないとするには、近時の「著作権の制限」問題の高まりによる法改正か、裁判例の集積を待たなければならないのは当然です。

「商標権　商品化されたキャラクター等」

参考

上野達弘著「著作権法における権利制限規定の再検討—日本版フェアユースの可能性」（コピーライト 560 号 2 頁以下）

参考判例

● 「バス車体のペイント画事件」

東京地裁平成 13 年 7 月 25 日判決　請求棄却

　横浜市営バスの車体に描かれた絵が、そのまま絵本に収録されたことについて作者が出版社を訴えた事件。裁判所は、バスの車体の絵は、屋外の場所に恒常的に設置されている美術の著作物であると判断し、著作権侵害を認めなかった。

Q100 モチーフ、テーマとしての商品名の利用は可能か

作品のモチーフやテーマとして、クルマや香水、お酒やお菓子などの商品名やブランド名を使う際、権利処理は必要でしょうか。

例えば、主人公の生活や性格を表わす演出として、ダンヒルの香水をつけ、キャデラックに乗り、ジョニーウォーカーを飲む、といったシーンが作中で繰り返される場合、当然、商品名や商標がわかるアップカットを多用します。これらの商品の商標権者に許諾は必要でしょうか。また作品のタイトルとして、「白いキャデラックの男」「若い女と一粒のグリコ」等、商品名を使用することに問題はないでしょうか。

A　商品名が日本における商標権の対象であって、商標権者が存在している場合、質問にあるような使用が「商標の使用」の概念にあたるかどうかの判断になると思いますが、いずれもがこれに該当しないのではないでしょうか。

　ただ商品名やサービスマークについては、それらの映像中の使用ないしは映像の性格が当該商標権者、サービスマークを用いている役務の提供と何らかの結びつきがあると誤解されるような場合には、不正競争防止法上、「混同」の概念に抵触することの配慮が必要と思われます。

参考書目

加戸守行『**著作権法逐条講義　五訂新版**』著作権情報センター、2006
作花文雄『**詳解著作権法　第4版**』ぎょうせい、2010
斉藤博『**著作権法　第3版**』有斐閣、2007
北村行夫『**判例から学ぶ著作権**』太田出版、2004
『**著作権判例百選　初版～第4版**』有斐閣、2009（第4版）
村林隆一先生古稀記念論文集刊行会編『**判例著作権法　村林隆一先生古稀記念**』東京布井出版、2001
田村善之『**著作権法概説**』有斐閣、2001
半田正夫、松田正行『**著作権法コンメンタール**』勁草書房、2009
内藤篤、升本善郎『**映画・ゲームビジネスの著作権**』著作権情報センター、2007
阿部浩二編著『**音楽・映像著作権の研究**』学陽図書出版、1998
植条則夫編著『**映像学原論**』ミネルヴァ書房、1990
内山隆、中村清、菅谷実編『**映像コンテンツ産業とフィルム政策**』丸善、2009
岡邦俊『**著作権の法廷**』ぎょうせい、1991
岡邦俊『**続・著作権の法廷**』ぎょうせい、1996
文化庁文化部著作権課内著作権法令研究会編『**著作権関係法令実務提要**』第一法規、1980
北村行夫、雪丸真吾編『**Q&A引用・転載の実務と著作権法**』中央経済社、2005
黒沢節男『**図書館の著作権基礎知識**』太田出版、2011
著作権制度審議会『**著作権制度審議会審議記録（一）**』文部省、1966
『**著作権法改正の諸問題―著作権法案を中心として―**』国立国会図書館調査及び立法考査局、1970
日本映画製作者連盟『**映画法制審議会・著作権法改正対策委員会報告書**』日本映画製作者連盟映画法制審議会、1963
大家重夫『**肖像権　改訂新版**』太田出版、2011
五十嵐清『**人格権法概説**』有斐閣、2003
五十嵐清、田宮裕『**名誉とプライバシー**』有斐閣、1968
宮田昇『**学術論文のための著作権Q&A　新訂2版**』東海大学出版会、2008
宮田昇『**翻訳出版の実務　第四版**』日本エディタースクール出版部、2008

映画製作職種一覧（昭和46年ころまでのスタジオ製作の場合）※某映画製作会社の撮影所組織

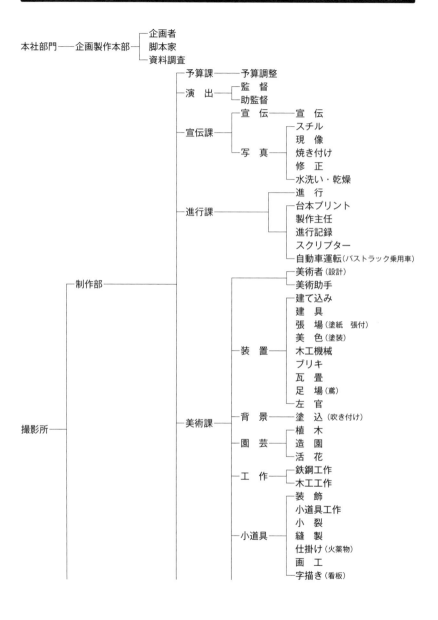

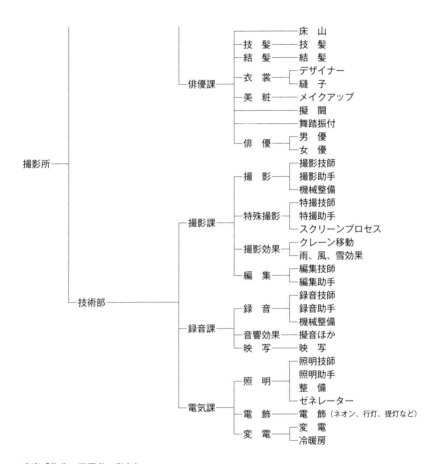

音楽「作曲、指揮者、楽士」
現像　フィルム　ラボラトリー（外部発注）

管理事務関係

著作権管理団体

【文芸】

● 協同組合 日本脚本家連盟
放送を目的として作成された脚本の権利の管理業務を行う。

● 協同組合 日本シナリオ作家協会
劇場用映画の放送等、二次利用・二次的利用に関する脚本の権利の管理業務を行う。

● 公益社団法人 日本文藝家協会
文芸を職能とする三千六百余名から著作権の管理を委託されている。

【音楽】

● 一般社団法人 日本音楽著作権協会（JASRAC）
国内の作詞作曲家のほとんどが直接、または音楽出版社を通じて権利を信託している。

【私的録音録画】

● 一般社団法人 私的録音補償金管理協会（sarah）
私的録音に関する補償金を受ける権利を行使する団体。

● 一般社団法人 私的録画補償金管理協会（SARVH）
私的録画に関する補償金を受ける権利を行使する団体。

【その他】

● 一般社団法人 日本レコード協会（RIAJ）
商業用レコードの二次使用料及び、貸与に関する報酬等に関する業務を行う。

● 公益社団法人 日本芸能実演家団体協議会（芸団協）
実演の商業用レコードに関する二次使用料、貸与に関する業務を行う。内部に実演家著作隣接権センター（CPRA）を設ける。

● 公益社団法人 日本複写権センター（JRRC）
著作者、出版者、学協会、著作権団体、新聞社の団体から委託を受け、複写に関する権利の委託を受け管理を行う。

映像関係団体等

【製作者関係】

● 一般社団法人 日本アド・コンテンツ制作社連盟（JAC）
● 一般社団法人 日本映画製作者連盟（映連）
● 一般社団法人 日本映像ソフト協会（JVA）
● 一般社団法人 日本動画協会（AJA）
● 協同組合 日本映画製作者協会（JFMA）
● 公益社団法人 映像文化製作者連盟（映文連）
● 社団法人 全日本テレビ番組製作社連盟（ATP）

【職能関係】
- 一般社団法人 日本映画テレビプロデューサー協会（ANPA）
- 協同組合 日本映画監督協会
- 協同組合 日本映画撮影監督協会（JSC）
- 協同組合 日本映画テレビ照明協会（JSL）
- 協同組合 日本映画・テレビスクリプター協会（JSS）
- 協同組合 日本映画・テレビ美術監督協会
- 協同組合 日本映画・テレビ編集協会（JSE）
- 協同組合 日本映画・テレビ録音協会（JSA）

【その他】
- 一般社団法人 映画産業団体連合会（映団連）
- 一般社団法人 日本映画テレビ技術協会
- 一般社団法人 日本ポストプロダクション協会（JPPA）

劇場映画の二次使用に関する著作権使用料、追加報酬支払い契約（映連会員社の場合）

※規定による

	テレビ放送（地上波）	テレビ放送（BS/CS）	有線放送	ビデオ複製及び頒布
原作	30万円 3年以内2回の放送について 3回以降取得額の4%相当額	BS放送　20万円 期間3年以内 （放送事業者との契約で定める回数を含む） CS放送　4万円 （放送事業者との契約で定める回数を含む） 相当額以内 上記以外の放映提供額の4%以内	ペイパービュー 取得額より20%控除後の3.5%相当額 上記以外1作品2万円期間2年	販売 複製本数の90%を対象として小売価格の1.75%相当額 個人向レンタル 取得額の3.35%相当額 業務用レンタル 取得額3.5%相当額 ホテルなどのCCTV向けは取得額から20%の控除が認められる
脚本	同上	同上	同上	
監督	同上	同上	同上	
音楽	放送事業者負担	放送事業者負担	放送事業者負担	小売価格の1.75%に複製本数を乗じた額（契約にもとづく控除あり） 個人用レンタル 取得額の3.3%相当額 業務用レンタル CCTV事業者負担

索 引 （数字は Q 番号）

ア

- アイデア …… 3,4,42
- アイドルタレント …… 99
- アインシュタイン …… 88
- アップロード …… 17
- イギリス著作権法1988年法31条 …… 46
- 石川達三 …… 33
- 石堂淑朗 …… 33
- 意匠法 …… 50
- 『伊豆の踊子』 …… 36
- 一時固定 …… 28
- インサート …… 41,94
- インサート映像 …… 85
- 印税 …… 26
- インターネット …… 17,54,59,60,96
- インタビュー …… 66,93
- 引用 …… 12,41,73,74,75,76,77,78,79,80,81,82
- 写り込み …… 46,88,95,99
- ウルマー …… 24
- 映画化 …… 22,33,53,61,64
- 映画会社 …… 20,25
- 映画化権 …… 36
- 映画監督 …… 20,21,24,26,35
- 映画製作者 …… 20,22,23,25,28,36
- 映画の企画者 …… 23
- 映画の原著作物 …… 22,24
- 映画の著作 …… 25,26,28,29,31,36,44,55,68
- 映画の著作者 …… 25
- 映画の著作 …… 20,21,22,25,26,29,37,44,55
- 映画の著作物 …… 1,2,18,19,22,28,37,39,40,43,44,54,56,90
- 映画の発注者 …… 23
- 映画倫理綱領 …… 72
- 映像と映画 …… 1
- 映像の著作物 …… 2
- 映像プロダクション …… 11
- 営利を目的としない上演等 …… 15
- AKB48 …… 54
- 『黄金狂時代』 …… 29
- 大島渚 …… 35
- 大塚恭一 …… 20
- 大仏次郎 …… 50
- 『オリンピック・カンパノロジー』 …… 51
- 音楽の著作物 …… 54,76,77
- 音響効果 …… 51
- 音声 …… 77
- オンデマンド …… 17

カ

- 絵画 …… 46
- 改変 …… 9,26,28,32,33,64,65,68,93
- 外来語 …… 70
- 替え歌 …… 54
- 楽譜 …… 13
- 画像 …… 96
- 型 …… 87
- 勝新太郎 …… 34,50
- 活動写真 …… 20
- 歌舞伎 …… 87
- 『ガメラ』 …… 51
- 『仮面ライダーV3』 …… 50
- カラオケ映像 …… 65
- 川上貞奴 …… 41
- 川端康成 …… 36
- 監視カメラ …… 56
- 観覧者 …… 94
- キーロフバレー団 …… 48
- 期待権 …… 93
- 喫茶店 …… 84
- キティちゃん …… 99
- 脚色 …… 62
- 脚本 …… 4,62
- 脚本家 …… 21,22,24,36
- 脚本確認事項 …… 33
- キャラクター …… 50,99
- キャラクター文具 …… 25
- 旧著作権法 …… 29,30,47
- 教育機関における複製 …… 14
- 教科用図書等への掲載 …… 14
- 共同著作物 …… 4,20
- 共同テレビ …… 42
- クラシカルオーサー …… 24
- 『鞍馬天狗』 …… 50
- クレジット …… 45
- 黒澤明 …… 29,36,88
- 掲示板 …… 59
- 競馬中継 …… 84
- ゲームソフト …… 19,40,43,92
- 原案 …… 4,42,62,34,62
- 原作者／原著作者 …… 24,53
- 原作者 …… 33,64
- 原著作物 …… 31,36,44,53
- 建築の著作物 …… 92
- 憲法やその他の政令 …… 6
- 公開放送 …… 94
- 興行者 …… 25
- 公衆送信権 …… 17
- 口述権 …… 79
- 口述著作物 …… 66
- 構成 …… 62
- 公表 …… 5,29,30,36,54,63
- 公表権 …… 9,35
- 『荒野の七人』 …… 36
- 53年問題 …… 30
- 個人情報 …… 95,96
- 個人情報保護法 …… 90
- ことわざ …… 70
- コピー …… 13
- コピーライト表記 …… 63
- コンサート …… 15,83
- コンセプト …… 42

サ

- 再映画化 …… 36
- 財産権 …… 8,9
- 再放送 …… 52,71
- 再放送権 …… 58
- サウンドエフェクト …… 51
- 『殺人狂時代』 …… 29
- 『座頭市』 …… 34,50
- 『座頭市物語』 …… 34
- 差別用語 …… 71
- 参加契約 …… 26,28,55
- 参考文献 …… 41
- 視覚障害者 …… 15
- 視覚障害者等のための複製等 …… 15
- 時事の事件の報道のための利用 …… 6,74
- 事実 …… 3,41
- 時事問題に関する論説 …… 6
- 私信 …… 82
- 自炊代行 …… 13
- 『静かなる決闘』 …… 29
- 『七人の侍』 …… 36
- 実演家 …… 16,37,38,83,85,87,94
- 実演家の人格権 …… 86
- 私的使用のための複製 …… 13
- 私的録音録画補償金 …… 13
- シナリオ …… 33,53,64
- 字幕 …… 31
- 字幕テロップ …… 66
- 島田清次郎 …… 61
- 氏名表示権 …… 9,16
- 子母澤寛 …… 34
- 釈英勝 …… 42
- 社交ダンス …… 48
- 写真の著作物 …… 5,46
- 写真の著作物の保護期間 …… 47
- JASRAC …… 45,60
- 自由に使える著作物 …… 6
- 出演者 …… 94
- 出所明示書 …… 45,46,73,75,79
- 上演権 …… 19
- 肖像権 …… 54,57,88,90,91,94,95,97,98
- 譲渡 …… 45,54
- 商標権 …… 100
- 商標権者 …… 100
- 商標の使用 …… 100
- 商標法 …… 50
- 情報 …… 59
- 助監督 …… 21
- 職務著作 …… 11
- 『女優貞奴』 …… 41
- 素人参加番組 …… 94
- 新幹線 …… 92
- 新事実 …… 41
- 新聞紙面のヘッドライン …… 78
- 図形 …… 3
- スポーツバブ …… 84
- スラング …… 70
- 製作委員会 …… 23,28
- 制作と製作 …… 28
- 政治家 …… 82
- 静止画像 …… 43
- 政治上の演説等の利用 …… 6
- 政治討論番組 …… 75
- 『ゼロ、ハチ、ゼロ、ナナ。』 …… 33
- 戦時加算 …… 29
- 戦時期間加算 …… 5
- 『先生、僕ですよ』 …… 42
- 浅草寺 …… 92
- 創作性 …… 3
- 送信可能化 …… 17,16,58,99

158

タ

大河ドラマ『武蔵』	36
タイトル	45,100
タイトル表示	62
貸与	25
殺陣	48
田中角栄	89
田中純一郎	35
ダビング	13
「地上」	61
地図	81
チャップリン	29
中古ゲーム	40
聴覚障害者等のための複製等	15
著作権者	8,44
著作権者不明	61
著作権譲渡	9
著作権侵害	8,50,54
著作権の制限	99
著作権表示	63
著作権保護	7
著作者	8,20,54
著作者人格権	4,8,9,10,28,32,33,35,41,52,64,65,66,68,74
著作者人格権の不行使	32,32
著作者の名誉又は声望	10
著作物	3,54
著作物性	3,42,48,49,50,51,59
著作物の例示	3
著作物の録音	15
著作隣接権	16,37,58,83
追加報酬	26
辻村深月	33
DVD	29,30
DVD化	31,44,71,94
データ	3,59
デーブ・スペクター	89
テーマ	100
デジタル処理	67
テレビドラマ	19
テレビジョン放送の伝達権	58,84
点字による複製	15
ドイツ著作権法57条	46
ドイツ著作権法	56
ドイツ美術著作権法（旧）	88
同一性保持権	9,16,26,33,44,52,54,64,65,67,68,69,70,71,72
同一性保持権侵害	66
東映テレビ	50
動画	54
動画配信サイト	17,54
東京スカイツリー	92
東京タワー	92
東京都庁	92
投稿	17,54
投稿規程	54
銅像	67
登録	7
『独裁者』	29
匿名	59
取扱説明書	3
トリック	42
トリミング	26,65,68

ナ

夏目漱石	88
生中継	95
二次使用／二次利用	26,27,39,44,48,65
二次的使用	22,39
二次的著作物	22,24,31,36,44,53
二次的利用	65
ニックネーム	89
日本映画監督協会	26
日本映画製作者連盟	26,33,36,86
日本映像ソフト協会	86
日本音楽著作権協会	45,60
日本芸能実演家団体協議会	86
日本語版	31
日本語版制作	70
日本シナリオ作家協会	36,62
「日本の夜と霧」	35
日本文芸家協会	33,41,62
日本放送協会	72
ニュース	6,74,75,90,97,98
人形	57
ぬいぐるみ	57,99

ハ

配給	25,39
配給収入	25
俳優	37,38
萩本欽一	89
「ハッピーピープル」	42
パブリシティ権	92
パブリックドメイン	31
バラエティ番組	94
パロディ	49
番組基準	72
万国著作権条約	63
番宣	52
頒布権	39,40,78
BGM	54,76
ビートルズ	54
美術の著作物	45,49,50,57,99
ビデオゲーム	19,40,43,92,45
吹き替え	31
複製	44,45,46,53
複製権	41,67,84
フジテレビ	42
不正競業	50
不正競争防止法	50,100
舞台セット（舞台装置）	49
不適切用語	71,72
舞踊	48
プライバシー権	54,90,94,95,96,97,98
プラモデル	57
フリーカメラマン	27
フリーディレクター	26
振りつけ	48
振りつけ師	48
ベルヌ条約	63
ブログ	54,90,99
プログラム	19
プロモーション	52
文化庁官房著作権課	30

マ

ベルヌ条約	30,39
編曲	60
編集著作権	78
編集著作物	3
方言	66
方式主義	63
法人著作物	28,54
放送コード	72
放送事業者	16,28,58,84
放送のための一時固定	18
放送有線権	16
法定譲渡	55
報道	6,74,75,90,98
「僕たちの失敗」	33
保護期間	5,29,30,31,60,61,78,91
保護されない著作物	6
発意と責任	23
翻案	31,33,36,64
翻案権	41,67
翻訳	31,70

マイケル・ジャクソン	88
『街の灯』	29
マッカーサー	88
黛敏郎	51
未使用素材	55
未編集フィルム	2,55
ミュージカル	48
ミュージック・コンクレート	51
民法141条	30
民法143条1項	30
民謡	60
無言劇	48
無断撮影	98
無方式主義	63
名誉毀損	54,93,98
メール	82
モーリス・ベジャール	48
モザイク処理	69,95
モダンオーサー	24
『モダン・タイムス』	29
モチーフ	100
モニターテレビ	56
モニュメント	67

ヤ

野球中継	84
役名	89
やむをえない改変	26,33,66,69,70,71,72
有線放送権	58
有線放送事業者	16
Tou Tube	17,54
有名人	88,89
要約	66
要約引用	66
吉田茂	88

ラ

『ライダーマン』	50
『ライムライト』	29
『羅生門』	29

リメイク権	36	する法律（戦時加算特例法）	29
「歴史的事実・人物にもとづく文芸作品の映像化・放送についての要望」	41	連合国民	29
レコード製作者	16	朗読	79
レシピ	3	ローマ条約	38
連合国および連合国民の著作権の特例に関		『ローマの休日』	30
		録音録画権	16,38,85,87,94

ワ

ワンチャンス主義	38

著作権法索引（数字はQ番号）

著作権法第2条1項一号（定義 著作物）	3,41,42,51,56,59	著作権法第35条（学校その他の教育機関における複製等）	14
著作権法第2条1項三号（定義 実演）	83	著作権法第37条（視覚障害者等のための複製等）	15
著作権法第2条1項四号（定義 実演家）	83	著作権法第37条の2（聴覚障害者等のための複製等）	15
著作権法第2条1項七の二号（定義 公衆送信）	17,54	著作権法第38条（営利を目的としない上演等）	15
著作権法第2条1項九の五（送信可能化）	17,54	著作権法第39条（時事問題に関する論説の転載等）	6
著作権法第2条1項十号（定義 映画製作者）	23,28	著作権法第40条（政治上の演説等の利用）	6,75,82
著作権法第2条1項十二号（定義 共同著作物）	4	著作権法第41条（時事の事件の報道のための利用）	6,74,75
著作権法第2条1項十八号（定義 口述）	66,79	著作権法第46条（公開の美術の著作物等の利用）	67,92
著作権法第2条1項十九号（定義 頒布）	39,40	著作権法第48条1項（出所の明示）	73
著作権法第2条3項（定義 映画の著作物）	2,18,43,55	著作権法第49条（複製物の目的外使用等）	13
著作権法第2条5項（定義 公衆）	13,35	著作権法第51条（保護期間の原則）	5,60
著作権法第10条1項（著作物の例示）	3	著作権法第53条（団体名義の著作物の保護期間）	5
著作権法第10条1項三号（著作物の例示 舞踊又は無言劇の著作物）	48	著作権法第54条（映画の著作物の保護期間）	5,30
著作権法第10条1項四号（著作物の例示 絵画、版画、彫刻その他の美術の著作物）	49,57	著作権法第54条2項（映画の著作物の保護期間）	31
著作権法第10条1項六号（著作物の例示 地図又は学術的な性質を有する図面、図表、模型その他の図形の著作物）	81	著作権法第63条（著作物の利用の許諾）	38
著作権法第10条2項（著作物の例示）	90	著作権法第64条1項（共同著作物の著作者人格権の行使）	4
著作権法第11条	31	著作権法第67条1項（著作権者不明等の場合における著作物の利用）	61
著作権法第12条（編集著作物）	3,78	著作権法第89条（著作隣接権）	16
著作権法第13条（権利の目的とならない著作物）	6	著作権法第90条（著作者の権利と著作隣接権との関係）	58
著作権法第15条（職務上作成する著作物の著作者）	11,28,54	著作権法第90条の2（実演家の権利（氏名表示権））	16,86
著作権法第16条（映画の著作物の著作者）	20,21,28,37,54,55	著作権法第90条の3（実演家の権利 同一性保持権）	16,86
著作権法第18条1項（公表権）	9	著作権法第91条（実演家の権利 録音権及び録画権）	16,83,85,87,94
著作権法第18条2項（公表権）	35	著作権法第91条2項（実演家の権利 録音権及び録画権）	38
著作権法第19条1項（氏名表示権）	9	著作権法第92条（実演家の権利 放送権及び有線放送権）	16
著作権法第20条	41	著作権法第92条の2（実演家の権利 送信可能化権）	16
著作権法第20条1項（同一性保持権）	9,26,32,33,54,64,65,66,67,68,69,74	著作権法第93条1項（実演家の権利 放送のための固定）	28
著作権法第20条2項四号（同一性保持権）	32,65,66,68,69,70,71,72	著作権法第98条（放送事業者の権利 複製権）	58,84
		著作権法第99条（放送事業者の権利 再放送権及び有線放送権）	58
著作権法第21条（複製権）	41,45,67	著作権法第99条の2（放送事業者の権利 送信可能化権）	58
著作権法第23条（公衆送信権等）	17	著作権法第100条（放送事業者の権利 テレビジョン放送の伝達権）	58,84
著作権法第24条（口述権）	79	著作権法第103条（著作隣接権の譲渡、行使等）	38
著作権法第26条	39,40	著作権法第113条6項（侵害とみなす行為）	10
著作権法第27条（翻訳、翻案権等）	31,33,41,67	著作権法附則第2条1項（適用範囲についての経過措置）	29
著作権法第28条（二次的著作物の利用に関する原著作者の権利）	22,44,53	著作権法附則第5条の2（自動複製機器についての経過措置）	13
著作権法第29条（映画の著作物の著作権の帰属）	35	著作権法附則第7条（著作物の保護期間についての経過措置）	29
著作権法第29条1項（映画の著作物の著作権の帰属）	25,26,68	著作権法附則（平成15年法律第85号）第1条（施行期日）	30
著作権法第30条（私的使用のための複製）	13	著作権法附則（平成15年法律第85号）第2条（映画の著作物の保護期間についての経過措置）	29,30
著作権法第30条の2（付随対象著作物の利用）	46	著作権法附則（平成15年法律第85号）第3条（映画の著作物の保護期間についての経過措置）	29,30
著作権法第32条（引用）	12,41,73,74,75,76,77,78,79,80,82	旧著作権法第3条	29
		旧著作権法第6条	29
著作権法第33条（教科用図書等への掲載）	14	旧著作権法第22条の3（映画の著作物）	20

判例索引（数字はQ番号）

アニメ映画『三人の騎士』日本語版事件	31	管理著作物の著作権侵害にかかる損害賠償請求事件	45
アニメ映画『三人の騎士』日本語版事件B	31	黒澤作品のDVD化事件	29
慰安婦法廷番組の改変事件	93	ゲームソフト『猟奇の檻』事件	43
映画『Shall we ダンス？』の振りつけ侵害事件	48	「五輪マーク」事件	3
映画のキャラクター「ライダーマン」事件	50	『シェーン』格安DVD事件	30
映画『やわらかい生活』シナリオ収録拒否事件	53	史跡ガイドブック著作権侵害事件	81
江差追分ノンフィクション翻案事件	41	「七人の侍」脚本著作権確認事件	36
NHKニュース番組の写真無断使用事件	74	照明カタログ「書」複製事件	46
観光映画「九州雑記」事件	65	スイートホーム事件	26,65

『ストリートビュー』プライバシー権侵害事件	96
『絶対音感』事件	73
『ゼロ、ハチ、ゼロ、ナナ。』ドラマ化事件	33
『総選挙当落予想表』事件	3
大河ドラマ『春の波濤』事件	41
大河ドラマ『武蔵』事件	36
中古のゲームソフト販売事件（アクト）	40
中古のゲームソフト販売事件（エニックス）	40
チャップリン映画の格安DVD事件	29
『超時空要塞マクロス』の著作権確認事件	23
ディグダグ事件	19
テレビ映画『私は貝になりたい』事件	4
テレビドラマの漫画翻案事件	42
『富山市・高岡市住宅地図』事件	81
ドラゴンクエストII事件	19
ニュース映画による名誉毀損事件	93
ネット掲示板書き込み無断使用事件	59
バス車体のペイント画事件	99
パックマン事件	19
バレエ振り付け、無断上演事件	48
三沢市勢映画『青い海』事件	2,18,55
『みのもんたの朝ズバッ！』プライバシー侵害事件	95
名馬の名前パブリシティ権事件	92
名馬の名前パブリシティ権事件（ダービースタリオン）	92
目覚め事件	10
モンタージュ写真事件	10
『山口組五代目継承式』ビデオの一部放映事件	74
『ライバル日本史』放送セット事件	49
『落日燃ゆ』事件	88
歴史小説の"参考文献"事件	41
『ローマの休日』他'53年作品の保護期間事件	30

ユニ知的所有権ブックス NO.20
UNI INTELLETCTUAL PROPERTY BOOKS NO.20
映像の著作権 第 2 版

2012 年 7 月 24 日　初版発行
2016 年 1 月 27 日　第 2 版発行

著作者	二瓶和紀・宮田ただし
企　画	日本ユニ著作権センター
装　画	Maplu Design（佐野佳子）
装　丁	Maplu Design（清水良洋＆李生美）
編　集	柴山浩紀・團奏帆
発行人	岡　聡
発行所	株式会社 太田出版 160-8571 東京都新宿区愛住町 22 第 3 山田ビル 4F TEL 03-3359-6262　FAX 03-3359-0040 http://www.ohtabooks.com
印刷所	株式会社シナノパブリッシングプレス

ISBN 978-4-7783-1504-7 C3032
乱丁・落丁はお取替えいたします。
本書の一部あるいは全部を無断で利用（コピー）するには、
著作権法上の例外を除き、著作権者の許諾が必要です。

©Kazunori Nihei, Tadashi Miyata, 2016